A-Z COVENTRY and RUGBY

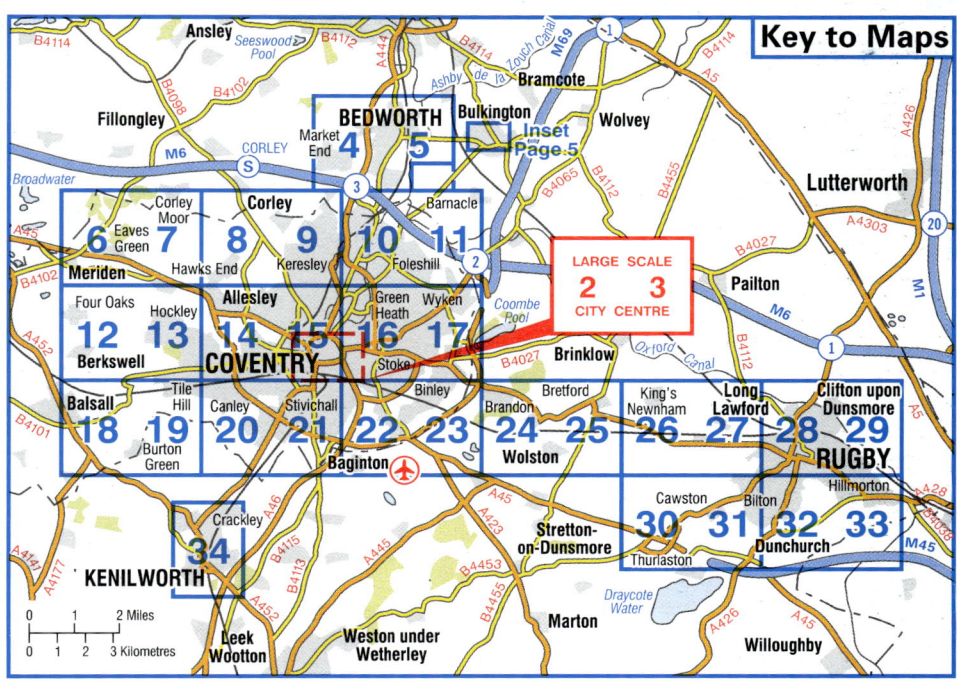

Key to Maps

(Grid of map index squares covering Coventry and Rugby area, including:)

Ansley · Seeswood Pool · Bramcote · M69 · Wolvey · Lutterworth · Fillongley · BEDWORTH · Bulkington · Inset Page 5 · Market End · Broadwater · CORLEY · Barnacle · Corley Moor · Corley · Keresley · Foleshill · Pailton · Eaves Green · Meriden · Hawks End · Allesley · Green Heath · Wyken · Brinklow · Four Oaks · Hockley · COVENTRY · Stoke · Coombe Pool · Bretford · King's Newnham · Long Lawford · Clifton upon Dunsmore · Berkswell · Balsall · Tile Hill · Canley · Stivichall · Binley · Brandon · Wolston · RUGBY · Hillmorton · Burton Green · Baginton · Cawston · Bilton · Dunchurch · Crackley · Stretton-on-Dunsmore · Thurlaston · KENILWORTH · Leek Wootton · Weston under Wetherley · Marton · Draycote Water · Willoughby

LARGE SCALE 2 3 CITY CENTRE

Map squares numbered: 4, 5, 6, 7, 8, 9, 10, 11, 12, 13, 14, 15, 16, 17, 18, 19, 20, 21, 22, 23, 24, 25, 26, 27, 28, 29, 30, 31, 32, 33, 34

Scale bars: 0 1 2 Miles · 0 1 2 3 Kilometres

Reference

Motorway	M6
A Road	A46
B Road	B4098
Dual Carriageway	
One Way Street — Traffic flow on A roads is indicated by a heavy line on the drivers' left	
All one way streets are shown on Large Scale Pages 2 & 3	
Restricted Access	
Pedestrianized Road	
City Centre Junction Numbers Large Scale Pages Only	①
Track & Footpath	======

Railway	Level Crossing · Station · Tunnel
Built Up Area	
Local Authority Boundary	— ·· —
Postcode Boundary	
Map Continuation	16 · Large Scale City Centre 2
Car Park Selected	P
Church or Chapel	†
Fire Station	■
Hospital	H
House Numbers A & B Roads only	27 8
Information Centre	i

National Grid Reference	280
Police Station	▲
Post Office	★
Toilet with Facilities for the Disabled	▽ 🚻
Educational Establishment	
Hospital or Health Centre	
Industrial Building	
Leisure or Recreational Facility	
Place of Interest	
Public Building	
Shopping Centre or Market	
Other Selected Buildings	

Scale

Pages 4-34
1:19,000   3⅓ inches (8.47cm) to 1 mile   5.26cm to 1km

0   ¼   ½ Mile
0   250   500   750 Metres

Large Scale Pages 2 & 3
1:9,500   6⅔ inches (16.94cm) to 1 mile   10.52cm to 1km

0   100   200   300 Yards   ¼ Mile
0   100   200   300   400 Metres

Geographers' A-Z Map Company Limited

Head Office :
Fairfield Road, Borough Green, Sevenoaks, Kent TN15 8PP
Tel: 01732 781000

Showrooms :
44 Gray's Inn Road, London WC1X 8HX
Tel: 020 7440 9500

EDITION 3 2000   Copyright © Geographers' A-Z Map Co. Ltd. 2000

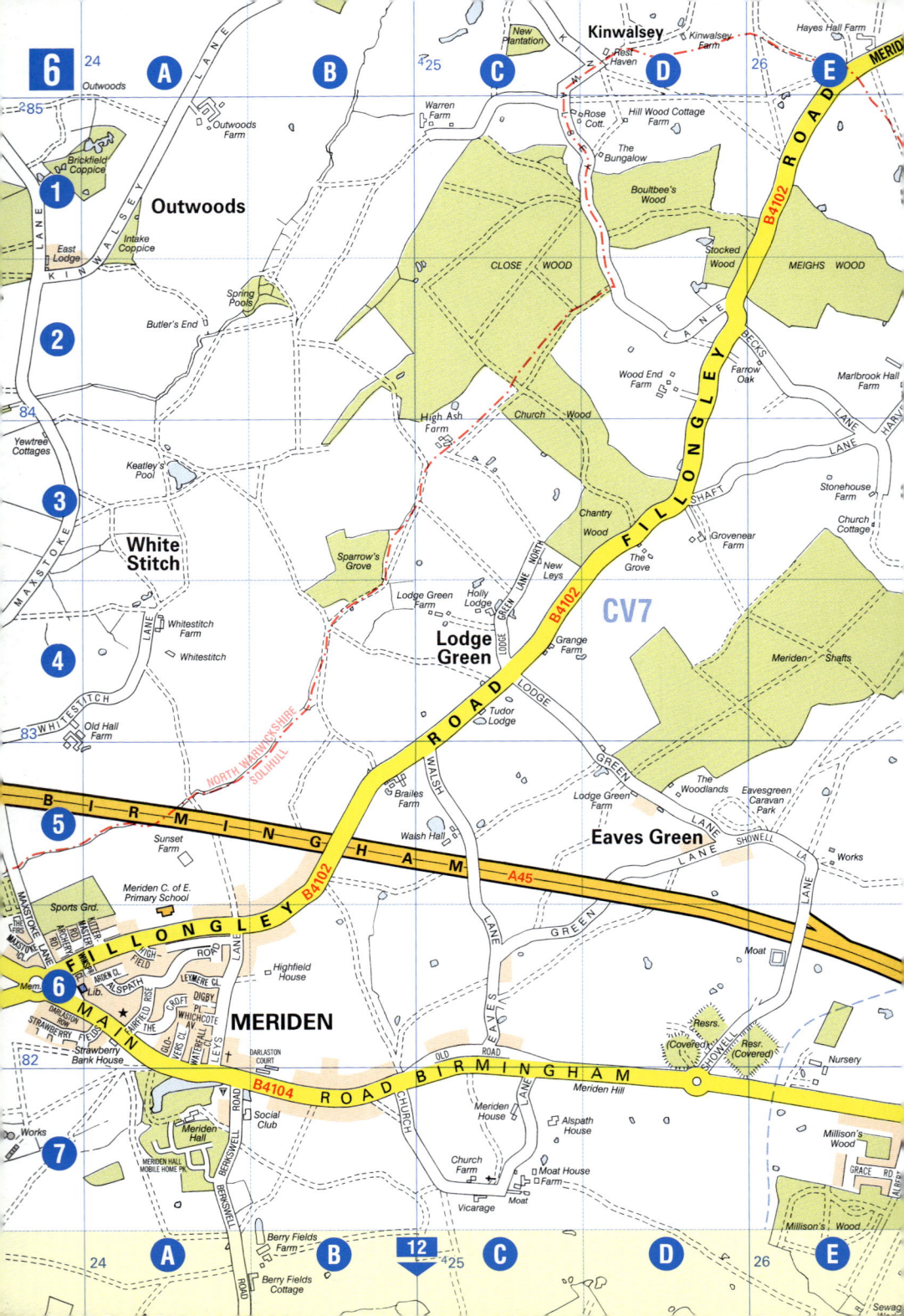

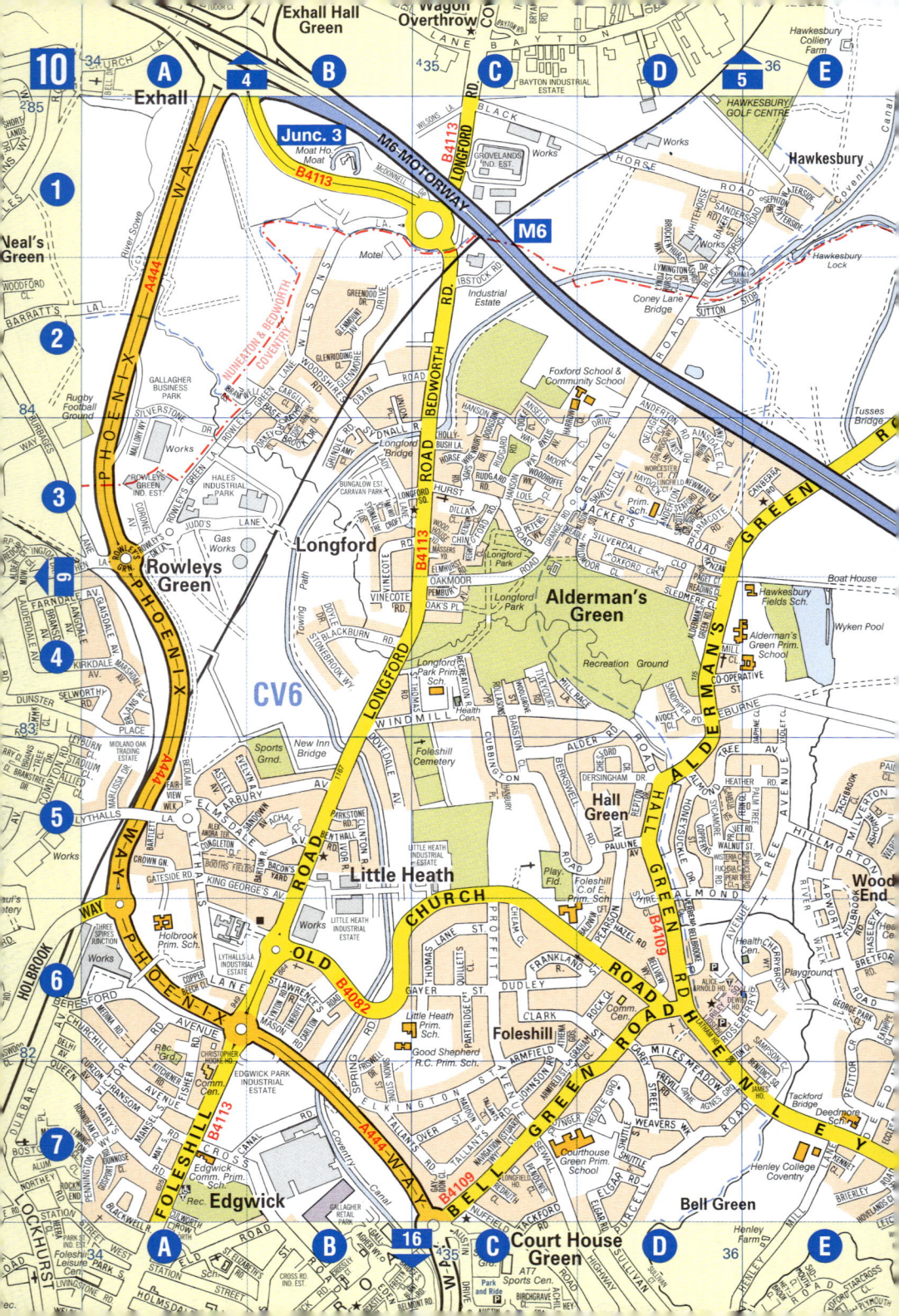

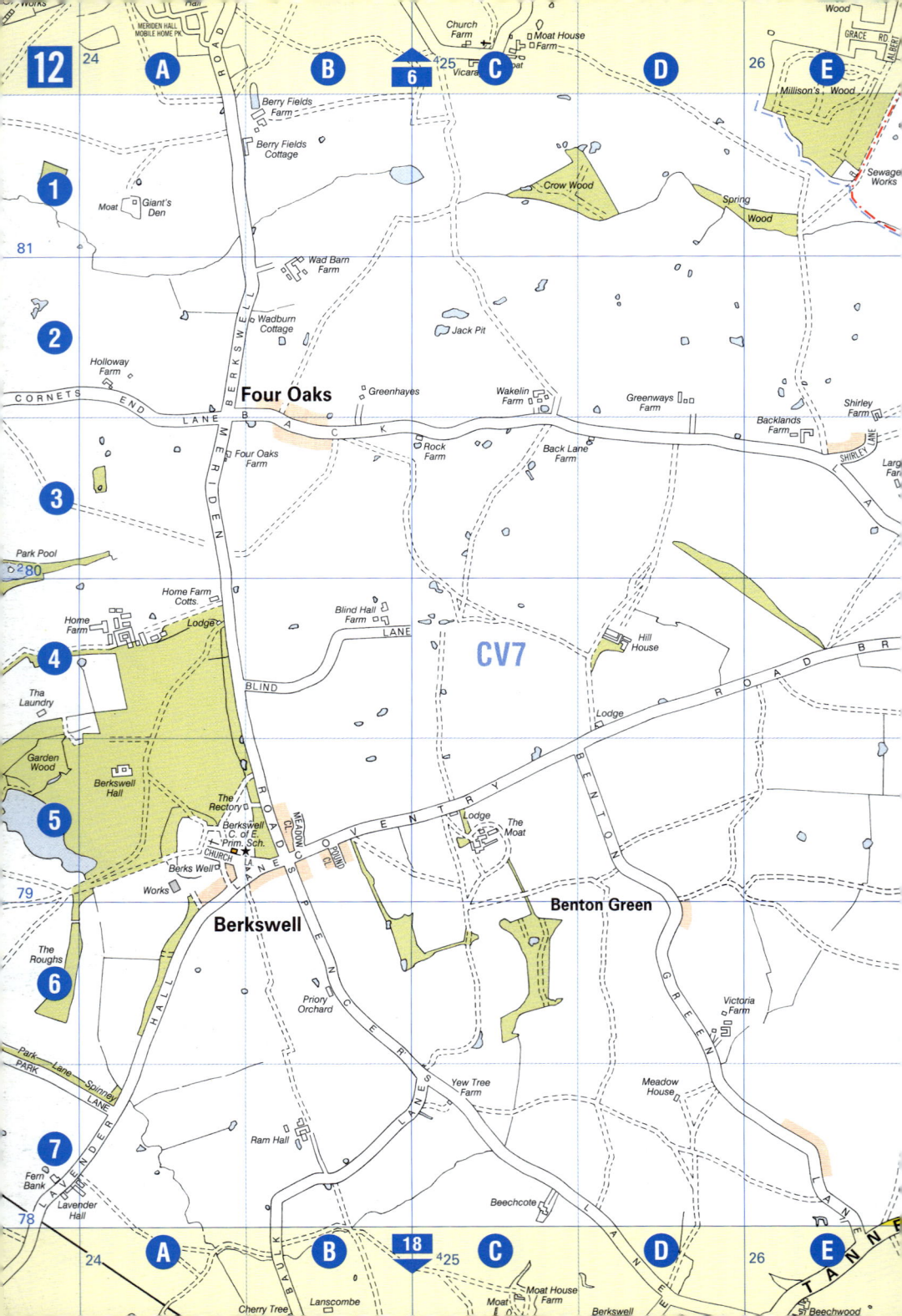

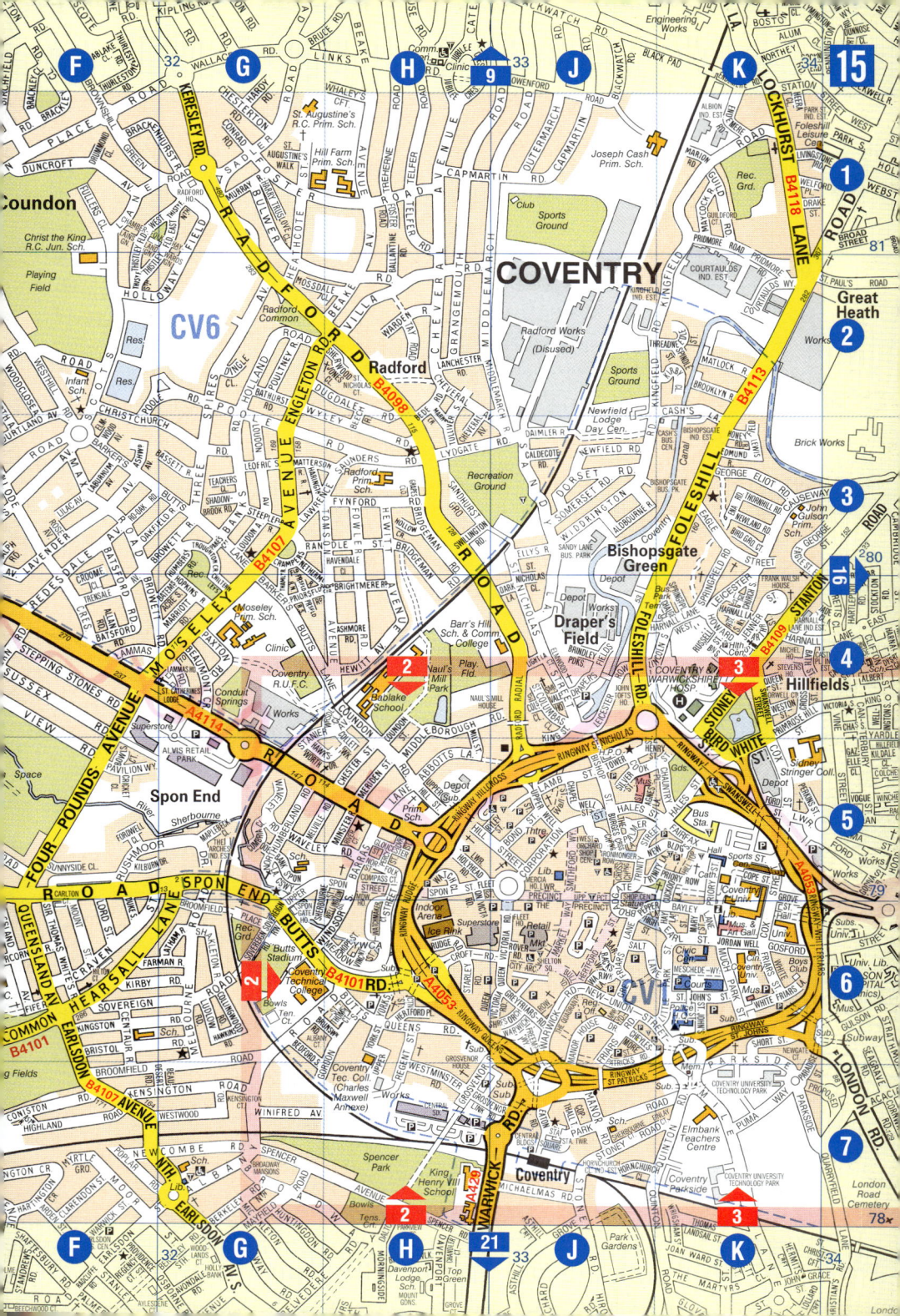

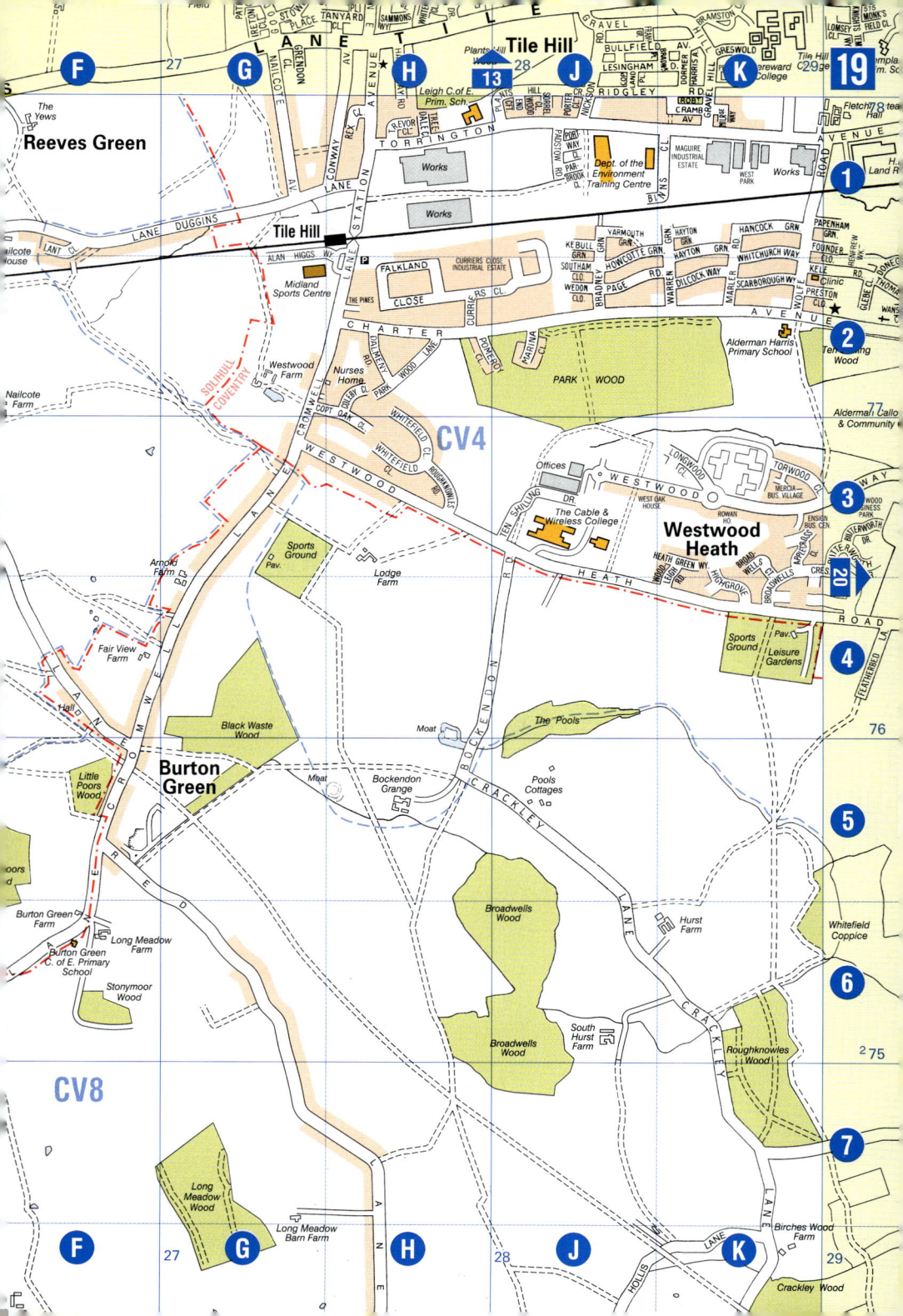

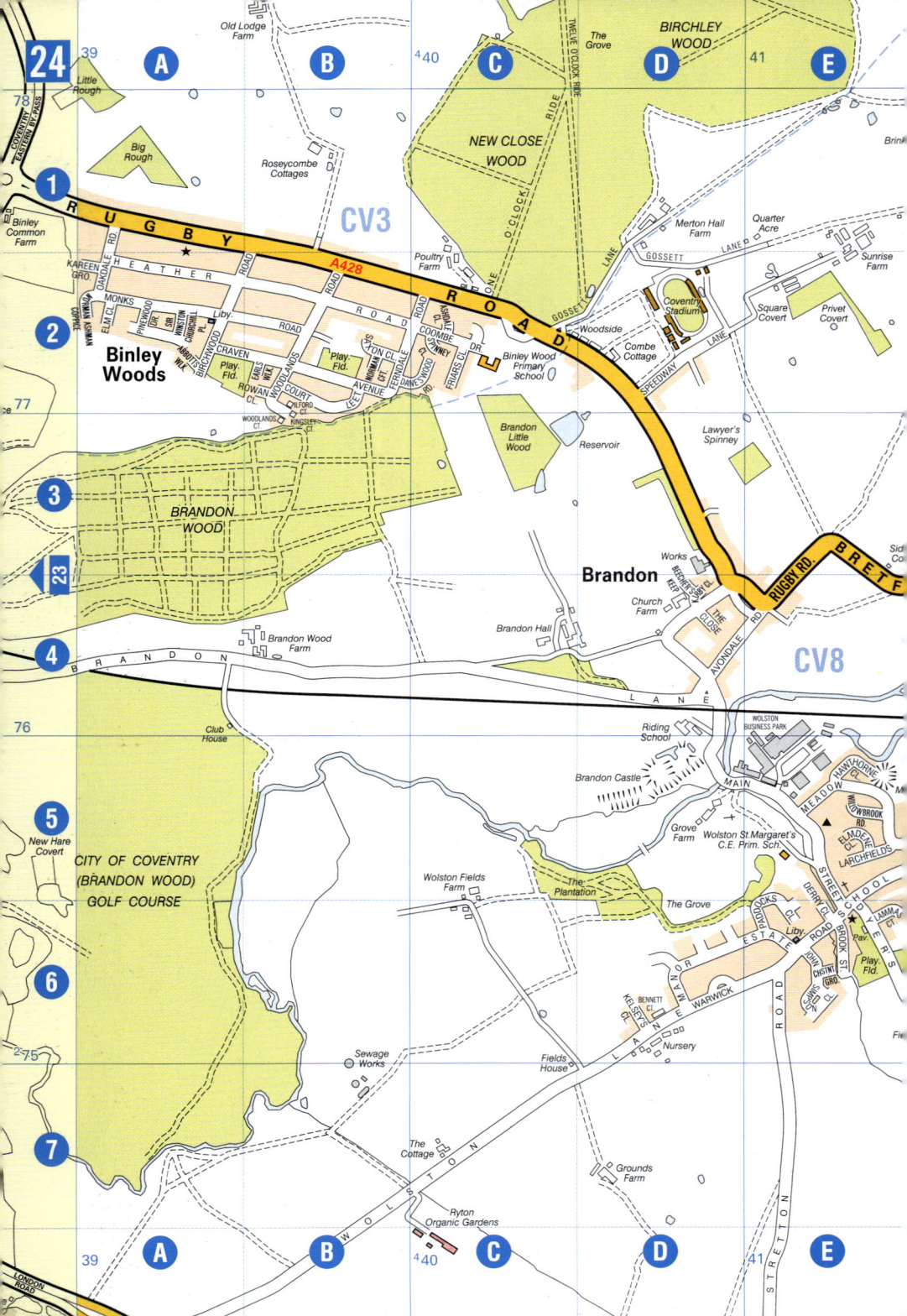

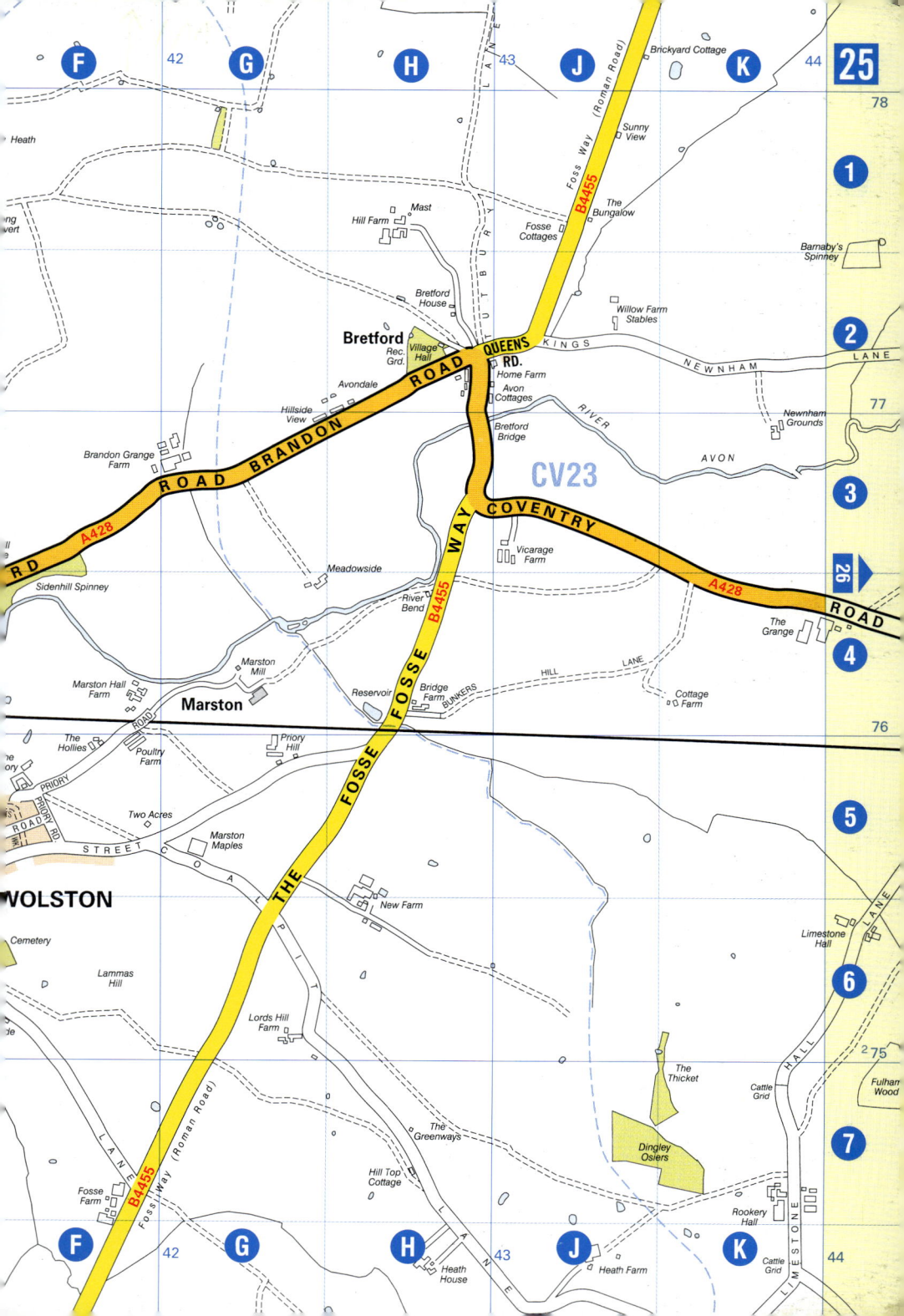

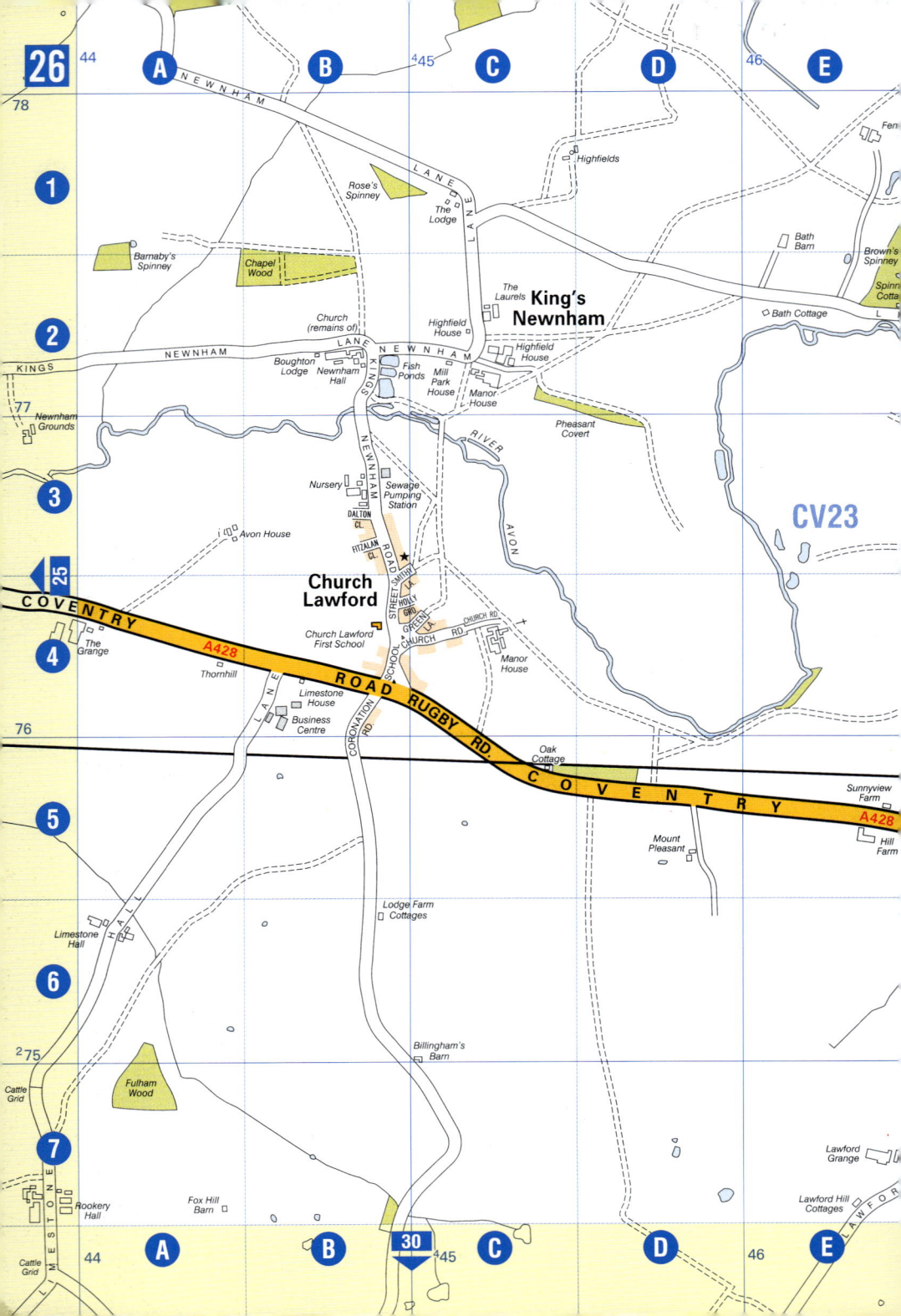

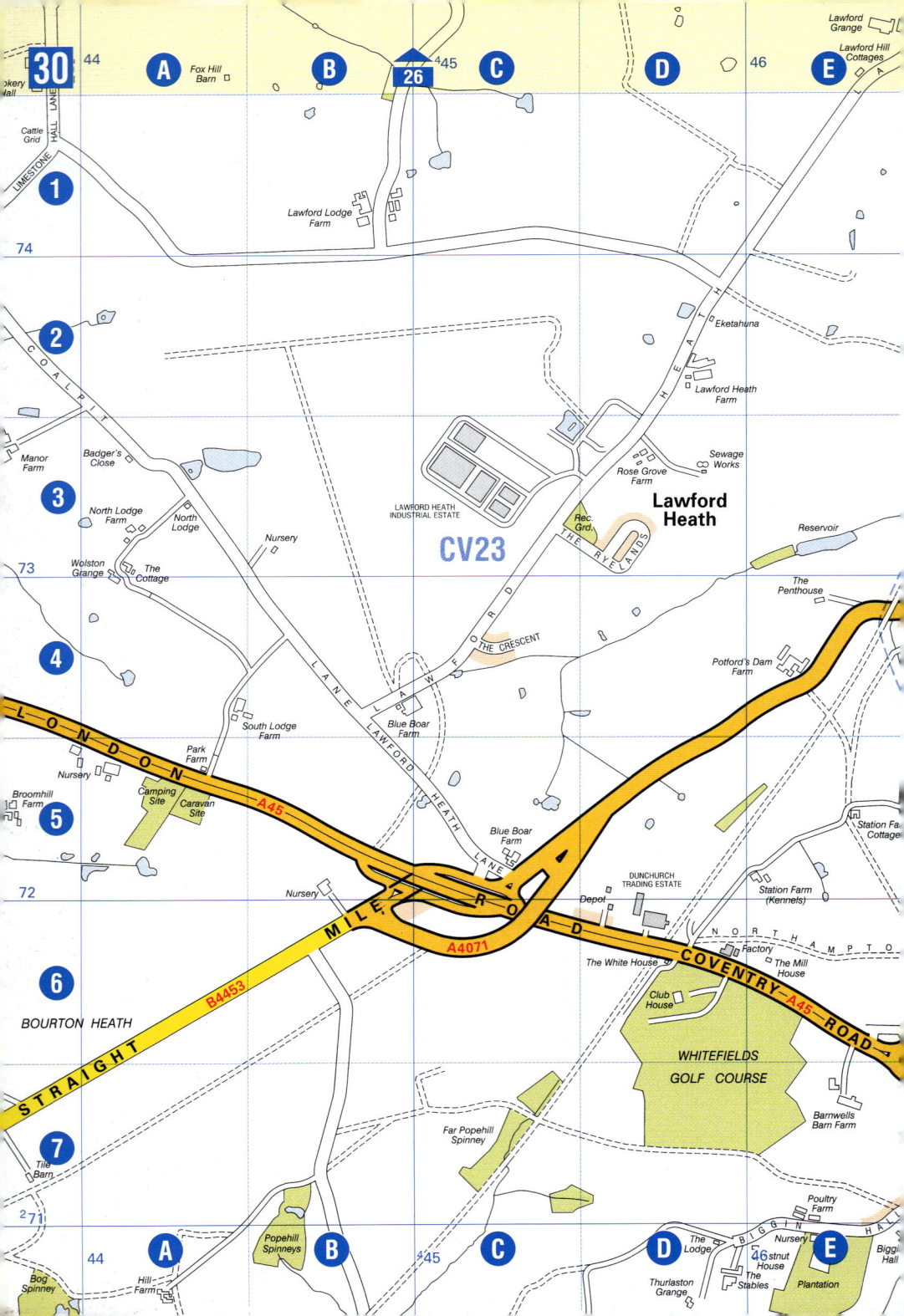

INDEX

Including Streets, Places & Areas, Industrial Estates, Selected Subsidiary Addresses
and Selected Places of Interest.

HOW TO USE THIS INDEX

1. Each street name is followed by its Posttown or Postal Locality and then by its map reference; e.g. Abbey Hill. *Ken* —3B **34** is in the Kenilworth Posttown and is to be found in square 3B on page **34**. The page number being shown in bold type.
   A strict alphabetical order is followed in which Av., Rd., St., etc. (though abbreviated) are read in full and as part of the street name; e.g. Abbeydale Clo. appears after Abbey Ct. but before Abbey End.

2. Streets and a selection of Subsidiary names not shown on the Maps, appear in the index in *Italics* with the thoroughfare to which it is connected shown in brackets; e.g. Beaumont Ct. *Cov* —4G **15** (off Beaumont Cres.)

3. Places and areas are shown in the index in **bold type**, the map reference referring to the actual map square in which the town or area is located and not to the place name; e.g. **Alderman's Green. —3D 10**

4. An example of a selected place of interest is Abbey Barn. —3A 34

5. Map references shown in brackets; e.g. Abbotts La. *Cov* —5H **15** (2C **2**) refer to entries that also appear on the large scale pages 2 & 3.

GENERAL ABBREVIATIONS

All : Alley	Ct : Court	Lit : Little	Rd : Road
App : Approach	Cres : Crescent	Lwr : Lower	Shop : Shopping
Arc : Arcade	Cft : Croft	Mc : Mac	S : South
Av : Avenue	Dri : Drive	Mnr : Manor	Sq : Square
Bk : Back	E : East	Mans : Mansions	Sta : Station
Boulevd : Boulevard	Embkrnt : Embankment	Mkt : Market	St : Street
Bri : Bridge	Est : Estate	Mdw : Meadow	Ter : Terrace
B'way : Broadway	Fld : Field	M : Mews	Trad : Trading
Bldgs : Buildings	Gdns : Gardens	Mt : Mount	Up : Upper
Bus : Business	Gth : Garth	Mus : Museum	Va : Vale
Cvn : Caravan	Ga : Gate	N : North	Vw : View
Cen : Centre	Gt : Great	Pal : Palace	Vs : Villas
Chu : Church	Grn : Green	Pde : Parade	Vis : Visitors
Chyd : Churchyard	Gro : Grove	Pk : Park	Wlk : Walk
Circ : Circle	Ho : House	Pas : Passage	W : West
Cir : Circus	Ind : Industrial	Pl : Place	Yd : Yard
Clo : Close	Info : Information	Quad : Quadrant	
Comn : Common	Junct : Junction	Res : Residential	
Cotts : Cottages	La : Lane	Ri : Rise	

POSTTOWN AND POSTAL LOCALITY ABBREVIATIONS

Ald G : Aldermans Green	*Blac I* : Blackburn Road Ind. Est.	*E Grn* : Eastern Green	*New B* : New Bilton
Ald I : Aldermans Green Ind. Est.	*B'dwn* : Blackdown	*Exh* : Exhall	*N'bld* : Newbold
Alle : Allesley	*Bour* : Bourton	*Gall P* : Gallagher Bus. Pk.	*Newt* : Newton
Ansty : Ansty	*Bran* : Brandon	*Gleb F* : Glebe Farm Ind. Est.	*Nun* : Nuneaton
Ash G : Ash Green	*Bret* : Bretford	*Griff* : Griff	*Prin* : Princethorpe
Asty : Astley	*Brin* : Brinklow	*Harb M* : Harborough Magna	*Rugby* : Rugby
Bag : Baginton	*Brow* : Brownsover	*Hillm* : Hillmorton	*Ryton D* : Ryton on Dunsmore
Bal C : Balsall Common	*Bulk* : Bulkington	*Hon* : Honiley	*Shil* : Shilton
Barby : Barby	*Burt G* : Burton Green	*Ken* : Kenilworth	*Stret D* : Stretton on Dunsmore
Barn : Barnacle	*Caw* : Cawston	*Ker* : Keresley	*Swift I* : Swift Valley Ind. Est.
Bay I : Bayton Road Ind. Est.	*Char I* : Charter Avenue Ind. Est.	*Ker E* : Keresley End	*T'ton* : Thurlaston
Bed : Bedworth	*Chu L* : Church Lawford	*Law H* : Lawford Heath	*Torr I* : Torrington Avenue Ind. Est.
Berk : Berkswell	*Clift D* : Clifton upon Dunsmore	*Leek W* : Leek Wootton	*W'grve S* : Walsgrave on Sowe
Berm I : Bermuda Park Ind. Est.	*Cor* : Corley	*Lit L* : Little Lawford	*W'grve R* : Walsgrave Retail Pk.
Bil : Bilton	*Cov* : Coventry	*Longf* : Longford	*W'wd B* : Westwood Bus. Pk.
Bin : Binley	*Cov W* : Coventry Walsgrave Triangle	*Long L* : Long Lawford	*Whit V* : Whitley Village
Bin I : Binley Ind. Est.	*Cross P* : Cross Point Bus. Pk.	*Mer* : Meriden	*Wols* : Wolston
Bin W : Binley Woods	*Dunc* : Dunchurch	*Mid B* : Middlemarch Bus. Pk.	

INDEX

Abberton Way. *Cov* —6D **20**
Abbey Barn. —3A **34**
Abbey Ct. *Cov* —3D **22**
Abbey Ct. *Ken* —4B **34**
Abbeydale Clo. *Cov* —5H **17**
Abbey End. *Ken* —4B **34**
Abbey Hill. *Ken* —3B **34**
Abbey Rd. *Cov* —3B **22**
(in three parts)
Abbey St. *Rugby* —5E **28**
Abbey, The. *Ken* —3B **34**
Abbey Way. *Cov* —3B **22**
Abbotsbury Clo. *Cov* —4J **17**
Abbots Wlk. *Wols* —5F **25**
Abbotts La. *Cov* —5H **15** (2C **2**)
Abbotts Wlk. *Bin W* —2A **24**
Abbotts Way. *Rugby* —1H **33**
Abercorn Rd. *Cov* —6E **14**
Aberdeen Clo. *Cov* —7A **14**
Abergavenny Wlk. *Cov* —2H **23**
Acacia Av. *Cov* —7A **16** (6H **3**)
Acacia Cres. *Bed* —3H **5**
Acacia Gro. *Rugby* —5C **28**
Achal Clo. *Cov* —5B **10**
Achilles Rd. *Cov* —1C **16**
Acorn Clo. *Bed* —6A **4**
Acorn Dri. *Rugby* —1H **31**

Acorn St. *Cov* —1D **22**
Adam Rd. *Cov* —1C **16**
Adams St. *Rugby* —6A **28**
Adare Dri. *Cov* —1J **21**
Adcock Dri. *Ken* —3C **34**
Addenbrooke Rd. *Ker E* —1G **9**
Adderley St. *Cov* —4A **16** (1J **3**)
Addison Rd. *Bil* —1K **31**
Addison Rd. *Cov* —6G **9**
Adelaide Ct. *Bed* —4E **4**
Adelaide St. *Cov* —4A **16** (1H **3**)
Adkinson Av. *Dunc* —7J **31**
Admiral Gdns. *Ken* —2E **34**
Agincourt Rd. *Cov* —2A **22**
Ainsbury Rd. *Cov* —1E **20**
Ainsdale Clo. *Cov* —3D **10**
Aintree Clo. *Bed* —2F **5**
Aintree Clo. *Cov* —3A **16**
Ajax Clo. *Rugby* —3E **28**
Alandale Av. *Cov* —4J **13**
Alandale Ct. *Bed* —6A **4**
Alan Higgs Way. *Cov* —2G **19**
Albany Ct. *Cov* —6G **15** (5A **2**)
Albany Rd. *Cov* —7G **15** (7A **2**)
Albert Cres. *Cov* —4H **9**
Albert Rd. *Alle* —7E **6**
Albert Sq. *Rugby* —6D **28**

Albert St. *Cov* —4A **16** (1H **3**)
Albert St. *Rugby* —6D **28**
Albion Ind. Est. *Cov* —1K **15**
Albion St. *Ken* —3C **34**
Aldbourne Rd. *Cov* —3J **15**
Aldbury Ri. *Cov* —4C **14**
Alder La. *Bal C* —4A **18**
Alderman's Green. —3D 10
Alderman's Grn. Ind. Est. *Ald I* —4F **11**
Alderman's Grn. Rd. *Cov* —5D **10**
(in two parts)
Alder Mdw. Clo. *Cov* —3K **9**
Alderminster Rd. *Cov* —4A **14**
Aldermoor Ho. *Cov* —7C **16**
Aldermoor La. *Cov* —7C **16**
Alderney Clo. *Cov* —5H **9**
Alder Rd. *Cov* —5D **10**
Alders, The. *Bed* —4C **4**
Aldrich Av. *Cov* —5J **13**
Aldrin Way. *Cov* —4D **20**
Alexander Rd. *Bed* —3G **5**
Alexandra Ct. *Ken* —4C **34**
Alexandra Rd. *Cov* —4B **16** (1K **3**)
Alexandra Rd. *Rugby* —5D **28**
Alexandra Ter. *Cov* —5A **10**
Alex Grierson Clo. *Bin* —2G **23**
Alfall Rd. *Cov* —3D **16**

Alfred Grn. Clo. *Rugby* —7C **28**
Alfred Rd. *Cov* —4B **16** (1K **3**)
Alfred St. *Rugby* —7B **28**
Alfriston Rd. *Cov* —5J **21**
Alice Arnold Ho. *Cov* —6D **10**
Alice Clo. *Bed* —5D **4**
Alison Sq. *Cov* —3D **10**
Allan Rd. *Cov* —4F **15**
Allans Clo. *Clift D* —4J **29**
Allans La. *Clift D* —4J **29**
Allard Ho. *Cov* —3D **22**
Allard Way. *Cov* —2C **22**
Allerton Clo. *Cov* —6G **17**
Allesley. —2A 14
Allesley By-Pass. *Cov* —2B **14**
Allesley Ct. *Cov* —2A **14**
Allesley Ctt. *Cov* —2A **14**
Allesley Hall Dri. *Alle* —3C **14**
Allesley Old Rd. *Cov* —3C **14**
Allesley Rd. *Rugby* —3B **28**
Alliance Trad. Est. *Cov* —7A **14**
Alliance Way. *Cov* —3C **16**
Allied Clo. *Cov* —5K **9**
Allitt Gro. *Ken* —3D **34**
All Saints La. *Cov* —5A **16** (3J **3**)
All Saints Rd. *Bed* —5D **4**
All Saints Sq. *Bed* —3F **5**

A-Z Coventry 35

Alma St. *Cov* —5A **16** (3H **3**)
Almond Gro. *Rugby* —2A **28**
Almond Tree Av. *Cov* —5D **10**
Almshouses. *Bed* —3F **5**
Alpha Ho. *Cov* —4C **16**
Alpha Ind. Pk. *Cov* —6F **11**
Alpine Ct. *Ken* —2C **34**
Alpine Ri. *Cov* —4G **21**
Alspath La. *Cov* —5F **11**
Alspath Rd. *Mer* —6A **6**
Alton Clo. *Cov* —5F **11**
Alum Clo. *Cov* —7K **9**
Alverstone Rd. *Cov* —4C **16**
Alvin Clo. *Bin* —7H **17**
Alvis Retail Pk. *Cov* —5G **15** (2A **2**)
Alwyn Rd. *Bil* —2J **31**
Amberley Av. *Bulk* —6J **5**
Ambler Gro. *Cov* —5E **16**
Ambleside. *Cov* —5G **11**
Ambleside. *Rugby* —2F **29**
Ambleside Rd. *Bed* —4E **4**
Ambrose Clo. *Rugby* —3E **28**
Amersham Clo. *Cov* —4B **14**
Amherst Rd. *Ken* —1A **34**
Amos-Jaques Rd. *Bed* —2E **4**
Amy Clo. *Cov* —3B **10**
Anchorway Rd. *Cov* —5G **21**
Anderson Av. *Rugby* —2C **32**
Anderton Rd. *Bed* —5A **4**
Anderton Rd. *Cov* —2D **10**
Angela Av. *Cov* —6G **11**
Anglesey Clo. *Alle* —1B **14**
Angless Way. *Ken* —5B **34**
Angus Clo. *Cov* —4A **14**
Angus Clo. *Ken* —2E **34**
Anker Dri. *Long L* —4H **27**
Anne Cres. *Cov* —4E **22**
Ansells Dri. *Longf* —2C **10**
Anson Clo. *Rugby* —7J **27**
Anson Way. *W'grve S* —7H **11**
Ansty Rd. *Cov* —4E **16**
Anthony Way. *Cov* —6E **16**
Antrim Clo. *Alle* —1A **14**
Applecross Clo. *Cov* —3K **19**
Appledore Dri. *Cov* —3K **13**
Apple Gro. *Rugby* —7H **27**
Arboretum, The. *Cov* —6D **20**
Arbour Clo. *Ken* —5D **34**
Arbour Clo. *Rugby* —3K **31**
Arbury Av. *Bed* —3E **4**
Arbury Clo. *Cov* —5A **10**
Archer Rd. *Ken* —5A **34**
Archers Spinney. *Hillm* —2K **33**
Archery Rd. *Mer* —6A **6**
Arches Bus. Cen. *Rugby* —4E **28**
Arches Ind. Est., The. *Cov*
—5G **15** (3A **2**)
Arches La. *Rugby* —4E **28**
Arch Rd. *Cov* —3G **17**
Arden Clo. *Bal C* —2A **18**
Arden Clo. *Mer* —6A **6**
Arden Clo. *Rugby* —5K **31**
Arden Rd. *Bulk* —7J **5**
Arden Rd. *Ken* —5D **34**
Arden St. *Cov* —7F **15**
Argent Ct. *Cov* —3C **20**
Argyle St. *Rugby* —6E **28**
Argyll St. *Cov* —5C **16**
Ariel Way. *Rugby* —4K **31**
Arkle Dri. *Cov* —1H **17**
Arlidge Cres. *Ken* —4E **34**
Armarna Dri. *Alle* —7F **5**
Armfield St. *Cov* —6C **10**
Armorial Rd. *Cov* —7H **21**
Armscott Rd. *Cov* —2E **16**
(in two parts)
Armson Rd. *Exh* —6E **4**
Armstrong Av. *Cov* —7D **16**
Armstrong Clo. *Rugby* —1A **32**
Arne Rd. *Cov* —2J **17**
Arnfield St. *Cov* —7C **10**
Arnhem Corner. *Cov* —3F **23**
Arno Ho. *Cov* —3D **22**
Arnold Av. *Cov* —4J **21**
Arnold Clo. *Rugby* —7C **28**
Arnold Cotts. *Cov* —7H **13**
Arnold St. *Rugby* —6D **28**
Arnold Vs. *Cov* —6D **28**
Arnside Clo. *Cov* —4B **14** (1H **3**)
Arthingworth Clo. *Bin* —7G **17**
Arthur Alford Ho. *Bed* —5B **4**
Arthur Clo. *Cov* —4K **15** (1G **3**)
Arthur St. *Ken* —3C **34**
Arundel Rd. *Bulk* —6J **5**
Arundel Rd. *Cov* —3K **21**
Ascot Clo. *Bed* —2F **5**
Ascot Clo. *Cov* —3E **22**
Ashbridge Rd. *Cov* —4C **14**
Ashburton Rd. *Cov* —7G **11**

Ashby Clo. *Bin* —1H **23**
Ashcombe Dri. *Cov* —5K **13**
Ash Ct. *Rugby* —3A **32**
Ashcroft Clo. *Cov* —7J **11**
Ashcroft Way. *Cross P* —7K **11**
Ashdale Clo. *Bin W* —2C **24**
Ashdene Gdns. *Ken* —4D **34**
Ashdown Clo. *Bin* —1F **23**
Ash Dri. *Ken* —4C **34**
Ashfield Av. *Cov* —7H **13**
Ashfield Rd. *Ken* —5D **34**
Ashford Dri. *Bed* —3E **4**
Ash Green. —7A 4
Ash Grn. La. *Cov* —1J **9**
Ash Gro. *Cov* —7A **4**
Ashington Gro. *Cov* —3C **22**
Ashington Rd. *Bed* —5A **4**
Ashlawn Railway Cutting Nature
Reserve. —2E **32**
Ashlawn Rd. *Rugby* —5A **32**
Ashman Av. *Long L* —4H **27**
Ashmore Rd. *Cov* —4H **15** (1B **2**)
Ashorne Clo. *Cov* —5E **10**
(in two parts)
Ashow Clo. *Ken* —4D **34**
Ash Priors Clo. *Cov* —7B **14**
Ash Tree Av. *Cov* —6A **14**
Ashurst Clo. *Longf* —2D **10**
Ashwood Av. *Cov* —3F **15**
Aspen Clo. *Cov* —7H **13**
Asplen Ct. *Ken* —4E **34**
Assheton Clo. *Rugby* —2J **31**
Asthill Cft. *Cov* —1J **21** (7D **2**)
Asthill Gro. *Cov* —1J **21** (7D **2**)
Astley Av. *Cov* —5A **10**
Astley La. *Asty* —2A **4**
(in two parts)
Astley Pl. *Rugby* —3K **33**
Aston Ind. Est. *Bed* —4H **5**
Aston Rd. *Cov* —7F **15**
Athena Gdns. *Cov* —6C **10**
Atherston Pl. *Cov* —3D **20**
Athol Rd. *Cov* —2J **17**
Attoxhall Rd. *Cov* —4G **17**
Attwood Cres. *Cov* —1B **16** (1K **3**)
Augustus Rd. *Cov* —4D **16**
Austin Dri. *Cov* —1C **16**
Aventine Way. *Gleb F* —2B **28**
Avenue Rd. *Ken* —2A **34**
Avenue Rd. *Rugby* —5A **28**
Avenue, The. *Cov* —3C **22**
Avocet Clo. *Ald G* —4D **10**
Avondale Rd. *Bran* —4D **24**
Avondale Rd. *Cov* —1G **21**
Avon Ind. Est. *Rugby* —5F **29**
Avonmere. *Rugby* —2A **28**
Avon Rd. *Ken* —5A **34**
Avon St. *Clift D* —5G **29**
Avon St. *Cov* —3D **16**
Avon St. *Rugby* —5B **28**
Awson St. *Cov* —2B **16**
Axholme Rd. *Cov* —4G **17**
Aylesdene Ct. *Cov* —1F **21**
Aylesford St. *Cov* —4A **16** (1J **3**)
Aynho Clo. *Cov* —5A **14**

Babbacombe Rd. *Cov* —4K **21**
Bablake Clo. *Cov* —7F **9**
Back La. *Cov* —5G **27**
Back La. *Mer* —3B **12**
Bacon's Yd. *Cov* —5B **10**
Badby Leys. *Rugby* —3B **32**
Badger Rd. *Bin* —1F **23**
Baffin Clo. *Rugby* —1A **32**
Baginton. —7B 22
Baginton Rd. *Cov* —3H **21**
(in two parts)
Bagshaw Clo. *Ryton D* —7J **23**
Bailey's La. *Long L* —4G **27**
Bakehouse La. *Rugby* —6B **28**
Bakers La. *Cov* —6E **14**
Baker St. *Longf* —1D **10**
Bakewell Clo. *Bin* —1H **23**
Balcombe Ct. *Rugby* —2G **33**
Balcombe Rd. *Rugby* —2F **33**
Baldwin Cft. *Cov* —6D **10**
Ballantine Rd. *Cov* —2H **15**
Ballingham Clo. *Cov* —6A **14**
Balliol Rd. *Cov* —4D **16**
Balmoral Clo. *Cov* —2H **17**
Balsall St. E. *Bal C* —4A **18**
Bankside Clo. *Cov* —3B **22**
Banks Rd. *Cov* —3G **15**
Bank St. *Rugby* —5D **28**
Banner La. *Cov* —4H **13**
Bantam Gro. *Cov* —4G **9**
Bantock Rd. *Cov* —6J **13**
Barbican Ri. *Cov* —6G **17**

Barbridge Clo. *Bulk* —7J **5**
Barbridge Rd. *Bulk* —6H **5**
Barby La. *Barby* —5J **33**
Barby La. *Rugby* —2H **33**
Barby Rd. *Rugby* —7C **28**
Barford Clo. *Bin* —2F **23**
Barford M. *Ken* —4D **34**
Barford Rd. *Ken* —5D **34**
Barker's Butts La. *Cov* —3F **15** (1A **2**)
Barley Clo. *Rugby* —2J **33**
Barley Lea, The. *Cov* —1D **22**
Barlow Rd. *Ald I* —4F **11**
Barnack Av. *Cov* —4H **21**
Barnacle. —1J 11
Barnacle La. *Bulk* —7J **5**
Barn Clo. *Cov* —3C **14**
Barnfield Av. *Alle* —1A **14**
Barnstaple Clo. *Cov* —4K **13**
Barnwell Clo. *Dunc* —6J **31**
Baron's Cft. *Cov* —2A **22**
Baron's Fld. Rd. *Cov* —2K **21**
Barracks Way. *Cov* —6J **15** (4E **2**)
Barras Ct. *Cov* —4C **16**
Barras Grn. *Cov* —4C **16**
Barras La. *Cov* —5H **15** (3B **2**)
Barratt's La. *Ash G* —2K **9**
Barretts La. *Bal C* —3A **18**
Barrington Rd. *Rugby* —7J **27**
Bar Rd. *Cov* —1A **22**
Barrow Clo. *Cov* —2K **17**
Barrowfield Ct. *Ken* —4B **34**
Barrowfield La. *Ken* —4B **34**
Barrow Rd. *Ken* —4B **34**
Barry Ho. *Cov* —6F **11**
Barston Clo. *Cov* —4C **10**
Bartlett Clo. *Cov* —5A **10**
Barton Rd. *Bed* —3E **4**
Barton Rd. *Cov* —5B **10**
Barton Rd. *Rugby* —2K **31**
Barton's Mdw. *Cov* —2D **16**
Basely Way. *Longf* —3K **9**
Basford Brook Dri. *Cov* —2B **10**
Basildon Wlk. *Cov* —1J **17**
Bassett Rd. *Cov* —3G **15**
Bateman's Acre S. *Cov* —4G **15**
Bates Rd. *Cov* —2E **20**
Bath St. *Cov* —4K **15** (1G **3**)
Bath St. *Rugby* —6D **28**
Bathurst Clo. *Rugby* —2A **32**
Bathurst Rd. *Cov* —2G **15**
Bathway Rd. *Cov* —5G **21**
Batsford Rd. *Cov* —3F **15**
Baulk La. *Berk* —1B **18**
Bawnmore Ct. *Bil* —2K **31**
Bawnmore Pk. *Rugby* —3A **32**
Bawnmore Rd. *Rugby* —2K **31**
Baxter Clo. *Cov* —6A **14**
Bayley La. *Cov* —6K **15** (4F **3**)
Baylis Av. *Longf* —3C **10**
Bayton Ind. Est. *Exh* —7E **4**
Bayton Rd. *Exh* —7E **4**
Bayton Rd. Ind. Est. *Exh* —6F **5**
Bayton Way. *Exh* —7G **5**
Baytree Clo. *Cov* —6F **11**
Beacon Rd. *Cov* —4J **9**
Beaconsfield Av. *Rugby* —1C **32**
Beaconsfield Rd. *Cov* —6D **16**
Beake Av. *Cov* —6H **9**
Beamish Clo. *Cov* —2J **17**
Beanfield Av. *Cov* —5F **21**
Beatty Dri. *Rugby* —7K **27**
Beauchamp Rd. *Ken* —6A **34**
Beaudesert Rd. *Cov* —7G **15**
Beaufort Dri. *Bin* —2H **23**
Beaumaris Clo. *Cov* —3K **13**
Beaumont Ct. Cov —4G **15**
(off Beaumont Cres.)
Beaumont Cres. *Cov* —4G **15**
Beaumont Rd. *Ker E* —1F **9**
Beausale Cft. *Cov* —5A **14**
Beche Way. *Cov* —3B **14**
Beckbury Rd. *Cov* —2H **17**
Beckfoot Clo. *Rugby* —1F **29**
Beckfoot Dri. *Cov* —6H **11**
Becks La. *Mer* —2E **6**
Bede Arc. *Bed* —3F **5**
Bede Rd. *Bed* —2E **4**
Bede Rd. *Cov* —2H **15**
Bede Village. *Bed* —6A **4**
Bedford St. *Cov* —6G **15** (5A **2**)
Bedlam La. *Longf* —5A **10**
Bedworth. —4F 5
Bedworth Clo. *Bulk* —7H **5**
Bedworth Heath. —4C 4
Bedworth La. *Bed* —2A **4**
Bedworth Rd. *Bulk* —4J **5**
Bedworth Rd. *Longf* —2C **10**
Bedworth Sloughs Nature Reserve.
—3D **4**

Bedworth Woodlands. —3C 4
Beech Ct. *Rugby* —2H **33**
Beech Cft. *Bed* —5D **4**
Beech Dri. *Ken* —3D **34**
Beech Dri. *Rugby* —1J **31**
Beech Dri. *T'ton* —7F **31**
Beecher's Keep. *Bran* —4D **24**
Beeches, The. *Bed* —4C **4**
Beechnut Clo. *Cov* —6H **13**
Beech Rd. *Cov* —3H **15**
Beech Tree Av. *Cov* —6B **14**
Beechwood. —2D 18
Beechwood Av. *Cov* —7E **14**
(in two parts)
Beechwood Ct. *Cov* —1F **21**
Beechwood Cft. *Ken* —6B **34**
Beechwood Gardens. —1E 20
Beechwood Rd. *Bed* —2G **5**
Beehive Hill. *Ken* —1A **34**
Beeston Clo. *Bin* —1H **23**
Belgrave Dri. *Rugby* —3F **29**
Belgrave Rd. *Cov* —4G **17**
Belgrave Sq. *Cov* —4G **17**
Bellairs Av. *Bed* —5C **4**
Bellbrooke Clo. *Cov* —6D **10**
Bell Dri. *Cov* —7C **4**
Bell Green. —6D 10
Bell Grn. Rd. *Cov* —7C **10**
Bellview Way. *Cov* —6D **10**
Bell Wlk. *Rugby* —2K **33**
Belmont M. *Ken* —4B **34**
Belmont Rd. *Cov* —1B **16**
(in two parts)
Belmont Rd. *Rugby* —2C **32**
Belvedere Rd. *Cov* —1G **21** (7B **2**)
Benedictine Rd. *Cov* —2J **21**
Benedict Sq. *Cov* —7E **10**
Bennett Ct. *Wols* —6D **24**
Bennett's Rd. *Ker E* —1F **9**
Bennett's Rd. N. *Cov* —1E **8**
Bennett's Rd. S. *Cov* —4F **9**
Bennett St. *Rugby* —6B **28**
Bennfield Rd. *Rugby* —6C **28**
Benn Rd. *Bulk* —7H **5**
Benn St. *Rugby* —7E **28**
Benson Rd. *Cov* —4F **9**
Benthall Rd. *Cov* —5B **10**
Bentley Ct. *Cov* —3J **9**
Bentley Rd. *Exh* —5E **4**
Benton Grn. La. *Berk* —5D **12**
Bentree, The. *Cov* —1D **22**
Beresford Av. *Cov* —6K **9**
Berkeley Rd. *Ken* —2A **34**
Berkeley Rd. N. *Cov* —7G **15**
Berkeley Rd. S. *Cov* —1G **21**
Berkett Rd. *Cov* —4H **9**
Berkswell. —5B 12
Berkswell Rd. *Cov* —5C **10**
Berkswell Rd. *Mer* —2A **12**
Berkswell Towermill. —5B **18**
Berners Clo. *Cov* —6J **13**
Berry St. *Cov* —4A **16** (1J **3**)
Bertie Ct. *Ken* —4C **34**
Bertie Rd. *Ken* —4B **34**
Berwick Clo. *Cov* —4B **14**
Berwyn Av. *Cov* —6K **9**
Best Av. *Ken* —2E **34**
Beswick Gdns. *Rugby* —3K **31**
Bettman Clo. *Cov* —3A **22**
Beverley Clo. *Bal C* —2A **18**
Beverly Dri. *Cov* —7D **20**
Bevington Cres. *Cov* —3E **14**
Bexfield Clo. *Alle* —2A **14**
Biart Pl. *Rugby* —5F **29**
Bideford Rd. *Cov* —1E **16**
Bigbury Clo. *Cov* —4A **22**
Biggin Hall Cres. *Cov* —6D **16**
Biggin Hall La. *T'ton* —7E **30**
Bilberry Rd. *Cov* —5F **11**
Billesden Clo. *Bin* —1G **23**
Billing Rd. *Cov* —5D **14**
Billinton Clo. *Cov* —6G **17**
Bilton. —2J 31
Bilton La. *Dunc* —6K **31**
Bilton La. *Long L* —6H **27**
Bilton Rd. *Bil* —2J **31**
Bilton Trad. Est. *Cov* —7B **16** (6K **3**)
Binley. —1G 23
Binley Av. *Bin* —2H **23**
Binley Bus. Pk. *Bin* —1J **23**
(in two parts)
Binley Gro. *Cov* —2H **23**
Binley Rd. *Cov & Bin* —5B **16** (3K **3**)
(in three parts)
Binley Woods. —2A 24
Binns Clo. *Torr I* —1K **19**
Binswood Clo. *Cov* —5F **11**
Binton Rd. *Cov* —6F **11**
Birch Clo. *Bed* —2H **5**

Birch Clo. *Cov* —2K **13**
Birch Dri. *Rugby* —7H **27**
Birches La. *Ken* —5C **34**
Birchfield Rd. *Cov* —1F **15**
Birchgrave Clo. *Cov* —1C **16**
Birchwood Rd. *Bin W* —2A **24**
Bird Gro. Ct. *Cov* —3K **15**
Bird St. *Cov* —5K **15** (2F **3**)
Birmingham Rd. *Alle* —2A **14**
Birmingham Rd. *Ken* —7D **18**
Birmingham Rd. *Mer* —5A **6**
Birmingham Rd. *Mer & Alle* —7C **6**
(in two parts)
Birstall Dri. *Rugby* —3F **29**
Birvell Ct. *Bed* —4H **5**
Bishopsgate Bus. Pk. *Cov* —3K **15**
Bishopsgate Grn. *Cov* —3K **15**
Bishopsgate Ind. Est. *Cov* —3K **15**
Bishop St. *Cov* —5J **15** (2E **2**)
Bishopton Clo. *Cov* —5B **14**
Bittern Wlk. *Cov* —6F **11**
Black Bank. —5F 5
Black Bank. *Exh* —5F **5**
Blackberry Clo. *Rugby* —1F **29**
Blackberry La. *Ash G* —2J **9**
(in two parts)
Blackberry La. *Cov* —2C **16**
Blackburn Rd. *Blac I* —4B **10**
Black Horse Rd. *Exh & Longf* —1C **10**
Blackman Way. *Rugby* —5B **28**
Black Pad. *Cov* —7J **9**
Black Prince Av. *Cov* —2K **21**
Blackshaw Dri. *W'grve S* —2H **17**
Blackthorn Clo. *Cov* —4D **20**
Blackthorn Rd. *Ken* —5C **34**
Blackwatch Rd. *Cov* —7A **10**
Blackwood Av. *Rugby* —1J **31**
Blair Dri. *Bed* —5B **4**
Blake Clo. *Rugby* —1J **31**
Blandford Dri. *Cov* —3H **17**
Bleaberry. *Rugby* —2E **28**
Blenheim Clo. *Cov* —5J **9**
Bletchley Dri. *Cov* —4B **14**
Blind La. *Berk* —4B **12**
Bliss Clo. *Cov* —5J **13**
Blockley Rd. *Bed* —2G **5**
Blondvil St. *Cov* —2J **21**
Bloxam Gdns. *Rugby* —7B **28**
Bloxham Pl. *Rugby* —6C **28**
Bluebell Clo. *Rugby* —1F **29**
Bluebell Wlk. *Cov* —7K **13**
Blundells, The. *Ken* —3B **34**
Blyth Clo. *Bed* —5A **4**
Blythe Av. *Bal C* —4A **18**
Blythe Rd. *Cov* —4A **16** (1J **3**)
Boar Cft. *Cov* —6K **13**
Bockendon Rd. *Cov* —5H **19**
Bodmin Rd. *Cov* —3H **17**
Bodnant Way. *Ken* —2E **34**
Bohun St. *Cov* —7K **13**
Bolingbroke Rd. *Cov* —7C **16**
Bolton Clo. *Cov* —4A **22**
Bond St. *Cov* —5J **15** (3D **2**)
Bond St. *Rugby* —6B **28**
Bonneville Clo. *Alle* —7F **7**
Bonnington Clo. *Rugby* —1K **33**
Bonnington Dri. *Bed* —2E **4**
Booths Fields. *Cov* —5A **10**
Borrowdale. *Rugby* —1E **28**
Borrowdale Clo. *Cov* —7G **9**
Borrowell La. *Ken* —4A **34**
Borrowell Ter. *Ken* —4A **34**
Boscastle Ho. *Bed* —5A **4**
Boston Pl. *Cov* —7K **9**
Boswell Dri. *Cov* —2J **17**
Boswell Rd. *Rugby* —3A **32**
Botoner Rd. *Cov* —6B **16** (4K **3**)
Bott Rd. *Cov* —1D **20**
Boughton Rd. *Rugby* —2D **28**
Boundary Rd. *Rugby* —7F **29**
Bourne Rd. *Cov* —7E **16**
Bow Ct. *Cov* —1D **20**
Bowden Way. *Bin* —7H **17**
Bowen Rd. *Rugby* —2F **33**
Bow Fell. *Rugby* —2F **29**
Bowfell Clo. *Cov* —4A **14**
Bowling Grn. La. *Bed* —7C **4**
Bowls Ct. *Cov* —5F **15**
Bowness Clo. *Cov* —7G **9**
Boxhill, The. *Cov* —7D **16**
Boyce Way. *Long L* —4H **27**
Boyd Clo. *Cov* —7H **11**
Bracadale Clo. *Cov* —7H **11**
Bracebridge Clo. *Bal C* —3A **18**
Bracken Clo. *Rugby* —1A **32**
Bracken Dri. *Rugby* —1A **32**
Brackenhurst Way. *Cov* —1F **15**

Brackley Clo. *Cov* —1F **15**
Bracknell Wlk. *Cov* —1J **17**
Braddock Clo. *Bin* —7J **17**
Brade Dri. *Cov* —1J **17**
Bradfield Clo. *Cov* —3C **14**
Bradley Cft. *Bal C* —3A **18**
Bradney Grn. *Cov* —2J **17**
Bradnick Pl. *Cov* —7K **13**
Braemar Clo. *Cov* —1G **17**
Brafield Leys. *Rugby* —4C **32**
Bramble St. *Cov* —6A **16** (4J **3**)
Bramcote Clo. *Bulk* —7K **5**
Brampton Way. *Bulk* —6H **5**
Bramston Cres. *Cov* —7K **13**
Bramwell Gdns. *Cov* —2A **10**
Brandfield Rd. *Cov* —7F **9**
Brandon. —4D 24
Brandon Ct. *Bin I* —2J **23**
Brandon La. *Cov & Wols* —5F **23**
Brandon Rd. *Bin* —7H **17**
Brandon Rd. *Bret* —3G **25**
Branksome Rd. *Cov* —2E **14**
Bransdale Av. *Cov* —4K **9**
Bransford Av. *Cov* —4D **20**
Branstree Dri. *Cov* —5K **9**
Brathay Clo. *Cov* —3K **21**
Braunston Pl. *Rugby* —2F **33**
Brayford Av. *Cov* —3J **21**
Bray's La. *Cov* —5C **16**
Braytoft Clo. *Cov* —5H **9**
Brazil St. *Cov* —6J **13**
Bredon Av. *Bin* —2H **23**
Bree Clo. *Alle* —1A **14**
Brentwood Av. *Cov* —6J **21**
Bretford. —2H 25
Bretford Rd. *Bran & Bret* —3E **24**
Bretford Rd. *Cov* —6E **10**
Bretts Clo. *Cov* —4A **16** (1H **3**)
Brewer Rd. *Bulk* —7K **5**
Brewers Clo. *Bin* —7J **17**
Brewster Clo. *Cov* —6G **17**
Brians Way. *Cov* —4A **10**
Briardene Av. *Bed* —4F **5**
Briars Clo. *Cov* —6E **16**
Briars Clo. *Long L* —5H **27**
Brick Hill La. *Alle* —7H **7**
Bridgeacre Gdns. *Cov* —5H **17**
Bridgecote. *Cov* —3G **23**
Bridgeman Rd. *Cov* —3H **15**
Bridge St. *Cov* —1B **16**
Bridge St. *Ken* —3B **34**
Bridge St. *Rugby* —6E **28**
Bridget St. *Rugby* —6B **28**
Bridle Brook La. *Alle* —3K **7**
Bridle Path, The. *Cov* —2B **14**
Bridle Rd. *Rugby* —5A **28**
Bridport Clo. *Cov* —3J **17**
Brierley Rd. *Cov* —7E **10**
Brightmere Rd. *Cov* —4H **15**
Brighton St. *Cov* —5B **16**
(in two parts)
Bright St. *Cov* —2A **16**
Bright Walton Rd. *Cov* —2K **21**
Brill Clo. *Cov* —4C **20**
Brindle Av. *Cov* —7E **16**
Brindley Paddocks. *Cov* —4J **15** (1E **2**)
Brindley Rd. *Bay I* —7F **5**
Brindley Rd. *Rugby* —1J **33**
Brinklow Rd. *Bin* —6H **17**
Brisbane Clo. *Cov* —3A **22**
Brisbane Ct. *Bed* —4E **4**
Briscoe Rd. *Cov* —3J **9**
Bristol Rd. *Cov* —6F **15**
Britannia St. *Cov* —5B **16** (2K **3**)
Briton Rd. *Cov* —4C **16**
Brixham Dri. *Cov* —2E **16**
Brixworth Dri. *Bin* —1H **23**
Broadgate. *Cov* —6J **15** (4E **2**)
Broadlands Clo. *Cov* —6C **14**
Broad La. *Mer & Cov* —4E **12**
Broad La. Trad. Est. *Cov* —4G **13**
Broadmead Ct. *Cov* —6C **14**
Broadmere Ri. *Cov* —6A **14**
Broad Pk. Rd. *Cov* —1F **17**
Broad St. *Cov* —1A **16**
Broad St. Jetty. *Cov* —1A **16**
Broadwater. *Cov* —1G **21**
Broadway. *Cov* —7G **15** (7A **2**)
Broadway Mans. *Cov* —7G **15** (7A **2**)
Broadwells Ct. *Cov* —3K **19**
Broadwells Cres. *Cov* —4K **19**
Brockenhurst Way. *Longf* —1D **10**

Brockhurst Dri. *Cov* —6H **13**
Bromleigh Dri. *Cov* —6E **16**
Bromleigh Vs. *Bag* —7B **22**
Bromley Clo. *Ken* —2A **34**
Bromwich Clo. *Bin* —1H **23**
Bromwich Rd. *Rugby* —1H **33**
Bronte Clo. *Rugby* —6E **28**
Brook Clo. *Cov* —5A **16** (2J **3**)
Brooke Rd. *Ken* —4D **34**
Brookford Av. *Cov* —4G **9**
Brooklea. *Bed* —4D **4**
Brooklime Dri. *Rugby* —1G **29**
Brooklyn Rd. *Cov* —2K **15**
Brookshaw Way. *Cov* —7H **11**
Brookside Av. *Cov* —5C **14**
Brookside Av. *Ken* —4A **34**
Brookside Clo. *Rugby* —1C **32**
Brookstray Flats. *Cov* —5B **14**
Brook St. *Bed* —1F **5**
Brook St. *Wols* —6E **24**
Brookvale Rd. *Bin* —7G **17**
Brook Vw. *Dunc* —7J **31**
Broom Clo. *Rugby* —1A **32**
Broome Cft. *Cov* —4H **9**
Broomfield Pl. *Cov* —6G **15** (4A **2**)
Broomfield Rd. *Cov* —7F **15** (6A **2**)
Broomybank. *Ken* —2D **34**
Browett Rd. *Cov* —3F **15**
Browning Rd. *Cov* —5E **16**
Browning Rd. *Rugby* —4K **33**
Brownshill Ct. *Cov* —7F **9**
Brownshill Green. —6D 8
Brownshill Grn. Rd. *Cov* —6D **8**
Brown's La. *Alle* —7A **8**
Brownsover. —2F 29
Brownsover La. *Rugby* —2D **28**
Brownsover Rd. *Rugby* —2A **28**
Bruce Rd. *Cov* —7G **9**
Bruce Rd. *Exh* —7D **4**
Bruce Williams Way. *Rugby* —7D **28**
Brunel Clo. *Cov* —5B **16** (3K **3**)
Brunes Ct. *Rugby* —2F **29**
Brunswick Clo. *Rugby* —3E **28**
Brunswick Rd. *Cov* —6G **15** (5A **2**)
Bruntingthorpe Way. *Bin* —1G **23**
Brunton Clo. *Bin* —7K **17**
Bryanston Clo. *Cov* —4J **17**
Bryant Rd. *Bay I* —7E **4**
Brympton Rd. *Cov* —6E **16**
Bryn Jones Clo. *Bin* —1H **23**
Bryn Rd. *Cov* —1B **16**
Buccleuch Clo. *Dunc* —6J **31**
Buchanan Rd. *Rugby* —1A **32**
Buckfast Clo. *Cov* —4A **22**
Buckhold Dri. *Cov* —3B **14**
Buckingham Ri. *Cov* —4B **14**
Buckland Rd. *Cov* —5H **9**
Bucknill Cres. *Rugby* —6K **33**
Buckwell La. *Clift D* —4J **29**
(in two parts)
Budbrooke Clo. *Cov* —5F **11**
Bulkington. —7H 5
(near Bedworth)
Bulkington. —6B 34
(near Kenilworth)
Bulkington Rd. *Bed* —4G **5**
Bullfield Av. *Cov* —7J **13**
Bullimore Gro. *Ken* —6C **34**
Bull's Head La. *Cov* —6D **16**
Bull Yd. *Cov* —6J **15** (5D **2**)
Bulwer Rd. *Cov* —1G **15**
Bulwick Clo. *Bin* —7K **17**
Bungalow Est. Cvn. Pk. *Longf* —3B **10**
Bunkers Hill La. *Bret* —4H **25**
Burbages La. *Longf* —2K **9**
Burbury Clo. *Bed* —2G **5**
Burges, The. *Cov* —5J **15** (2E **2**)
Burlington Rd. *Cov* —4B **16**
(in two parts)
Burnaby Rd. *Cov* —6G **9**
Burnham Rd. *Cov* —3C **22**
Burnsall Gro. *Cov* —1D **20**
Burnsall Rd. *Cov* —1C **20**
Burnside. *Cov* —6J **17**
Burnside. *Rugby* —7A **28**
Burns Rd. *Cov* —5E **16**
Burns Wlk. *Bed* —5G **5**
Burrow Hill La. *Cov* —1D **8**
Burton Clo. *Alle* —5C **8**
Burton Green. —5G 19
Busby Clo. *Cov* —2H **23**
Bushbery Av. *Cov* —7K **13**
Bush Clo. *Cov* —5K **13**
Butchers La. *Cov* —2C **14**
Butler Clo. *Ken* —1E **34**
Butler's Cres. *Exh* —5E **4**
Butlers Leap. *Rugby* —4E **28**
Butlin Rd. *Cov* —3J **9**

Butlin Rd. *Rugby* —6F **29**
Buttermere. *Rugby* —2F **29**
Buttermere Clo. *Bin* —2H **23**
Butterworth Dri. *Cov* —3A **20**
Butt La. *Alle* —1B **14**
Butts. *Cov* —6H **15** (5B **2**)
Butts Rd. *Cov* —6G **15** (4A **2**)
Byfield Pl. *Bal C* —4B **18**
Byfield Rd. *Cov* —3E **14**
Byron Av. *Bed* —4H **5**
Byron St. *Cov* —4K **15** (1F **3**)
Bywater Clo. *Cov* —5H **21**

Cadden Dri. *Cov* —6B **14**
Cadman Clo. *Bed* —3G **5**
Caesar Rd. *Ken* —5A **34**
Caithness Clo. *Cov* —4A **14**
Calcott Ho. *Cov* —3D **22**
Caldecote Rd. *Cov* —3J **15**
Caldecott Ct. *Rugby* —5D **28**
Caldecott Rd. *Rugby* —7E **28**
Caldecott St. *Rugby* —7E **28**
Calder Clo. *Bulk* —7H **5**
Calder Clo. *Cov* —2A **22**
Calmere Clo. *Cov* —7H **11**
Caludon Pk. Av. *Cov* —3G **17**
Caludon Rd. *Cov* —4C **16**
Calvert Clo. *Cov* —3K **21**
Calvert Clo. *Rugby* —2G **29**
Cambridge St. *Cov* —3A **16**
Cambridge St. *Rugby* —6E **28**
Camden St. *Cov* —4C **16**
Camelia Rd. *Cov* —5D **10**
Camelot Gro. *Ken* —3E **34**
Cameron Clo. *Alle* —1A **14**
Campbell St. *Rugby* —6A **28**
Campion Clo. *Cov* —3K **21**
Campion Way. *Rugby* —1F **29**
Campling Clo. *Bulk* —7H **5**
Camville. *Bin* —6J **17**
Canal Rd. *Cov* —7B **10**
Canberra Ct. *Bed* —4E **4**
Canberra Rd. *Cov* —3E **10**
Canford Clo. *Cov* —6J **21**
Canley. —3C 20
Canley Ford. *Cov* —3E **20**
Canley Rd. *Cov* —2D **20**
(in two parts)
Cannocks La. *Cov* —3D **20**
Cannon Clo. *Cov* —3E **20**
Cannon Hill Rd. *Cov* —4D **20**
Cannon Pk. Rd. *Cov* —4D **20**
Cannon Pk. Shop. Cen. *Cov* —3C **20**
Canon Dri. *Cov* —1K **9**
Canon Hudson Clo. *Cov* —3E **22**
Canterbury Clo. *Ken* —5E **34**
Canterbury St. *Cov* —4A **16** (1H **3**)
Cantlow Clo. *Cov* —5A **14**
Capmartin Rd. *Cov* —1H **15**
Capulet Clo. *Cov* —3E **22**
Capulet Clo. *Rugby* —4A **32**
Caradoc Clo. *Cov* —1F **17**
Cardale Cft. *Bin* —7H **17**
Cardiff Clo. *Cov* —4F **23**
Cardigan Rd. *Bed* —5A **4**
Carding Clo. *Cov* —4A **14**
Carew Wlk. *Rugby* —1J **31**
Carey St. *Cov* —6D **10**
Cargill Clo. *Longf* —2B **10**
Carlton Clo. *Bulk* —6H **5**
Carlton Ct. *Cov* —6F **15**
Carlton Gdns. *Cov* —1G **21**
Carlton Rd. *Cov* —6B **10**
Carlton Rd. *Rugby* —1K **31**
Carmelite Rd. *Cov* —6A **16** (4J **3**)
Carnbroe Av. *Bin* —2H **23**
Carnegie Clo. *Cov* —4D **22**
Carol Green. —1D 18
Carolyn La. Ct. *Rugby* —6B **28**
Carsal Clo. *Exh* —2K **9**
Carter Rd. *Cov* —1C **22**
Carthusian Rd. *Cov* —1J **21**
Cartmel Clo. *Cov* —4A **14**
Carver Clo. *Cov* —6G **17**
Cascade Clo. *Cov* —3A **22**
Cashmore Rd. *Bed* —5C **4**
Cashmore Rd. *Ken* —4E **34**
Cash's Bus. Cen. *Cov* —3K **15**
Cash's La. *Cov* —3K **15**
Casita Gro. *Ken* —4E **34**
Caspian Way. *Cov* —7J **11**
Cassandra Clo. *Cov* —6D **20**
Cassino Dri. *Cov* —3K **21**
Castle Clo. *Cov* —3K **21**
Castle Ct. *Ken* —2C **34**
Castle End. —5C 34
Castle Green. —3A 34

Greville Rd.—Hurst Rd.

Greville Rd. *Ken* —4B **34**
Greycoat Rd. *Cov* —5G **9**
Greyfriars La. *Cov* —6J **15** (5E **2**)
Greyfriars Rd. *Cov* —6J **15** (5D **2**)
Griff La. *Griff* —1D **4**
Grimston Clo. *Bin* —6J **17**
Grindle Rd. *Longf* —3B **10**
Grindley Ho. Cov —6H 15 (4B 2)
(off Windsor St.)
Grizebeck Dri. *Cov* —3A **14**
Grizedale. *Rugby* —2E **28**
Grosvenor Ho. *Cov* —6H **15** (6C **2**)
Grosvenor Link Rd. *Cov* —7H **15** (6C **2**)
Grosvenor Rd. *Cov* —7H **15** (6C **2**)
Grosvenor Rd. *Rugby* —6D **28**
Grove Ct. *Cov* —1H **21**
Grovelands Ind. Est. *Exh* —1C **10**
Grove La. *Ker E* —1F **9**
Grove St. *Cov* —5K **15** (3G **3**)
Grove, The. *Bed* —3F **5**
Guardhouse Rd. *Cov* —7H **9**
Guildford Ct. *Cov* —1K **15**
Guild Rd. *Cov* —1K **15**
Guilsborough Rd. *Bin* —1G **23**
Gulson Rd. *Cov* —6A **16** (5H **3**)
Gun La. *Cov* —3C **16**
Gunton Av. *Cov* —3E **22**
Guphill Av. *Cov* —5D **14**
Gurney Clo. *Cov* —5J **13**
Gutteridge Av. *Cov* —5G **9**
Guy Rd. *Ken* —6B **34**
Gypsy La. *Ken* —6B **34**

Haddon End. *Cov* —3A **22**
Haddon St. *Cov* —7C **10**
Hadfield Clo. *Clift D* —4J **29**
Hadleigh Rd. *Cov* —6J **21**
Hadrians Way. *Gleb F* —2B **28**
Haig Ct. *Rugby* —1A **32**
Hales Ind. Pk. *Cov* —3A **10**
Hales St. *Cov* —5J **15** (2E **2**)
Halford La. *Cov* —6G **9**
Halford Lodge. *Cov* —5G **9**
Halfway La. *Dunc* —7H **31**
Halifax Clo. *Cov* —1A **14**
Hallam Rd. *Cov* —4H **9**
Hallbrook Rd. *Cov* —4G **9**
Hall Clo., The. *Dunc* —7J **31**
Hall Dri. *Bag* —6A **22**
Hall Green. —5D 10
Hall Grn. Rd. *Cov* —5D **10**
Hall La. *Cov* —2H **17**
Hamilton Clo. *Bed* —5A **4**
Hamilton Rd. *Cov* —5C **16**
Hamlet Clo. *Rugby* —4K **31**
Hammersley St. *Bed* —5C **4**
Hammond Rd. *Cov* —4B **16**
Hampden Way. *Rugby* —3J **31**
Hampshire Clo. *Bin* —1H **23**
Hampton Clo. *Cov* —2B **16**
Hampton Rd. *Cov* —2B **16**
Hanbury Pl. *Cov* —5C **10**
Hanbury Rd. *Bed* —2G **5**
Hancock Grn. *Cov* —1K **19**
Handcross Gro. *Cov* —4G **21**
Handleys Clo. *Ryton D* —7J **23**
Handsworth Cres. *Cov* —4J **13**
Hanford Clo. *Cov* —2A **16**
Hans Clo. *Cov* —4B **16**
Hanson Way. *Longf* —2C **10**
Hanwood Clo. *Cov* —4G **13**
Harborough Rd. *Cov* —5H **9**
Harborough Rd. *Harb M* —1J **27**
Harcourt. *Cov* —4G **23**
Hardwick Clo. *Cov* —4A **14**
Hardwyn Clo. *Bin* —7J **17**
Hardy Clo. *Rugby* —7J **27**
Hardy Rd. *Cov* —1G **15**
Harebell Way. *Rugby* —1F **29**
Harefield Rd. *Cov* —5D **16**
Harewood Rd. *Cov* —5C **14**
Harger Ct. *Ken* —4B **34**
Hargrave Clo. *Bin* —7J **17**
Harlech Clo. *Ken* —3E **34**
Harley St. *Cov* —5C **16**
Harlow Wlk. *Cov* —1J **17**
Harmer Clo. *Cov* —1J **17**
Harnall La. *Cov* —4K **15**
Harnall La. E. *Cov*
(in two parts) —4K **15** (1G **3** & 1K **3**)
Harnall La. Ind. Est. *Cov* —4K **15** (1G **3**)
Harnall La. W. *Cov* —4K **15** (1E **2**)
Harnall Row. *Cov* —5A **16** (3J **3**)
Harold Cox Pl. *Rugby* —4A **32**
Harold Rd. *Cov* —6F **17**
Harpenden Dri. *Cov* —3A **14**
Harper Rd. *Cov* —6A **16** (5H **3**)
Harrington Rd. *Cov* —3G **15**
Harris Dri. *Rugby* —2B **32**
Harrison Clo. *Rugby* —2K **33**
Harrison Cres. *Bed* —4E **4**
Harris Rd. *Cov* —6D **16**
Harrow Clo. *Longf* —3C **10**
Harry Edwards Ho. *Cov* —7F **11**
Harry Rose Rd. *Cov* —5G **17**
Harry Salt Ho. *Cov* —2H **3**
Harry Truslove Clo. *Cov* —1G **15**
Harry Weston Rd. *Bin* —7H **17**
Hart Clo. *Rugby* —7F **29**
Hartington Cres. *Cov* —7F **15**
Hartland Av. *Cov* —2D **16**
Hartlepool Rd. *Cov* —4A **16**
Hartridge Wlk. *Cov* —4B **14**
Harvesters Clo. *Bin* —6J **17**
Harvest Hill La. *Alle* —3E **6**
Harvey Clo. *Alle* —1A **14**
Haselbech Rd. *Bin* —7H **17**
Haseley Rd. *Cov* —6E **10**
Hasilwood Sq. *Cov* —6D **16**
Hastings Rd. *Cov* —4C **16**
Haswell Clo. *Rugby* —7E **28**
Hathaway Clo. *Bal C* —2A **18**
Hathaway Rd. *Cov* —7H **13**
Havendale Clo. *Cov* —3H **15**
Hawkesbury. —1E 10
Hawkesbury La. *Cov* —2F **11**
Hawkes End. —5B 8
Hawkeshead. *Rugby* —2F **29**
Hawkes Mill La. *Alle* —5A **8**
Hawkesworth Dri. *Ken* —2C **34**
Hawkins Clo. *Rugby* —1A **32**
Hawkins Rd. *Cov* —6G **15** (5A **2**)
Hawksworth Dri. *Cov* —5G **15** (2A **2**)
Hawlands. *Rugby* —3E **28**
Hawthorne Clo. *Wols* —5E **24**
Hawthorne Ct. *Cov* —7J **13**
Hawthorn La. *Cov* —6J **13**
Hawthorn La. *Cov* —5J **13**
Hawthorn Way. *Rugby* —1H **31**
Haydock Clo. *Cov* —3D **10**
Hayes Clo. *Rugby* —2F **29**
Hayes Green. —6E 4
Hayes Grn. Rd. *Bed* —5D **4**
Hayes La. *Exh* —6D **4**
Hay La. *Cov* —6K **15** (4F **3**)
Haynestone Rd. *Cov* —2E **14**
Haynes Way. *Swift I* —1B **28**
Hayton Grn. *Cov* —1K **19**
(in two parts)
Haytor Ri. *Cov* —1E **16**
Haywards Grn. *Cov* —1G **15**
Hazel Gro. *Bed* —3H **5**
Hazelhead Ind. Est. *Cov* —6B **16** (5K **3**)
Hazelmere Clo. *Cov* —4B **14**
Hazel Rd. *Cov* —6D **10**
Hazelwood Clo. *Dunc* —7H **31**
Headborough Rd. *Cov* —3C **16**
Headington Av. *Cov* —5G **9**
Headlands, The. *Cov* —4D **14**
Healey Clo. *Rugby* —2E **28**
Health Cen. Rd. *Cov* —5C **20**
Hearsall Comn. *Cov* —6E **14**
Hearsall Ct. *Cov* —6D **14**
Hearsall La. *Cov* —6F **15**
Heath. —6J 31
Heath Av. *Bed* —5C **4**
Heathcote St. *Cov* —2G **15**
Heath Cres. *Cov* —2C **16**
Heather Clo. *Rugby* —1A **32**
Heather Dri. *Bed* —4C **4**
Heather Rd. *Bin W* —2A **24**
Heather Rd. *Cov* —5D **10**
Heathfield Rd. *Cov* —6C **14**
Heath Grn. Way. *Cov* —3K **19**
Heath Rd. *Bed* —5D **4**
Heath Rd. *Cov* —4B **16**
Heath, The. *Dunc* —7J **31**
Heath Way. *Rugby* —2F **33**
Heckley Rd. *Exh* —7E **4**
Heddle Gro. *Cov* —7D **10**
Hedgerow Wlk. *Cov* —3H **9**
Heera Clo. *Cov* —1K **15**
Helen St. *Cov* —2B **16**
Hele Rd. *Cov* —3K **21**
Helmdon Clo. *Rugby* —3F **29**
Helvellyn Way. *Rugby* —2F **29**
Hemingford Rd. *Cov* —7H **11**
Hemsby Clo. *Cov* —1A **20**
Hemsworth Dri. *Bulk* —7H **5**
Henderson Cl. *Alle* —1C **14**
Hendre Clo. *Cov* —6C **14**
Hen La. *Cov* —4J **9**
Henley Green. —7F 11
Henley Mill La. *Cov* —1D **16**
Henley Pk. Ind. Est. *Cov* —1G **17**
Henley Rd. *Cov* —6D **10**
Henrietta St. *Cov* —3A **16**
Henry Boteler Rd. *Cov* —2B **20**
Henry Caplan Ho. *Cov* —2B **14**
Henry St. *Cov* —5J **15** (2E **2**)
Henry St. *Ken* —3C **34**
Henry St. *Rugby* —6C **28**
Henson Rd. *Bed* —5C **4**
Hepworth Rd. *Bin* —6J **17**
Herald Av. *Cov* —7C **14**
Herald Bus. Pk. *Cov* —2H **23**
Herald Way. *Bin I* —2J **23**
Herbert Art Gallery & Mus. —6K 15 (4F 3)
Herberts La. *Ken* —3C **34**
Heritage Ct. *Cov* —6D **20**
Hermes Cres. *Cov* —1F **17**
Hermitage Rd. *Cov* —4E **16**
Hermitage Way. *Ken* —5C **34**
Hermit's Cft. *Cov* —1K **21**
Heron Ho. *Cov* —5D **16**
Herrick Rd. *Cov* —5F **17**
Hertford Pl. *Cov* —6H **15** (5C **2**)
Hertford St. *Cov* —6J **15** (4E **2**)
Heslop Clo. *Bin* —1H **23**
Hewitt Av. *Cov* —3H **15** (1B **2**)
Hexby Clo. *Cov* —2J **17**
Hexworthy Av. *Cov* —4H **21**
Heybrook Clo. *Cov* —1E **16**
Heycroft. *Cov* —5D **20**
Heyford Leys. *Rugby* —4B **32**
Heyville Cft. *Ken* —5E **34**
Heywood Clo. *Cov* —1C **16**
Hibberd Ct. *Ken* —4B **34**
Hibbert Clo. *Rugby* —1B **32**
Hidcote Rd. *Ken* —2E **34**
High Ash Clo. *Exh* —7D **4**
High Beech. *Cov* —2A **14**
Highfield. *Mer* —6A **6**
Highfield Clo. *Ken* —4A **34**
Highfield Rd. *Cov* —4B **16** (1K **3**)
Highgrove. *Cov* —4K **19**
Highgrove. *Rugby* —3K **31**
Highland Rd. *Cov* —7F **15**
Highland Rd. *Ken* —1D **34**
High Pk. Clo. *Cov* —5K **13**
High St. *Bed* —4F **5**
High St. *Cov* —6J **15** (4E **2**)
High St. *Hillm* —2H **33**
High St. *Ken* —3A **34**
High St. *Ker* —6F **9**
High St. *Rugby* —6C **28**
High St. *Ryton D* —7K **23**
High Vw. Dri. *Ash G* —7A **4**
Highwayman's Cft. *Cov* —4D **20**
Hilary Rd. *Cov* —3D **20**
Hillary Rd. *Rugby* —2A **32**
Hillfield Rd. *Rugby* —1J **31**
Hillfields. —4A 16 (1H 3)
Hillfields Ho. *Cov* —5A **16** (2H **3**)
Hillfray Dri. *Cov* —4C **22**
Hilliard Clo. *Bed* —2E **4**
Hillmorton. —2J 33
Hillmorton La. *Rugby & Clift D* —7J **29**
Hillmorton Rd. *Cov* —5E **10**
Hillmorton Rd. *Rugby* —7C **28**
Hill Rd. *Ker E* —1F **9**
Hillside. *Cov* —2C **16**
Hillside N. *Cov* —2C **16**
Hill St. *Bed* —1F **5**
Hill St. *Cov* —5H **15** (3C **2**)
Hill St. *Rugby* —5B **28**
Hill Top. *Cov* —5K **15** (3F **3**)
Hilton Ct. *Cov* —6F **15**
Himley Rd. *Bed* —4B **4**
Hinckley Rd. *Ansty* —5K **11**
Hinckley Rd. *Cov* —1J **17**
Hinde Clo. *Rugby* —2E **28**
Hipswell Highway. *Cov* —4F **17**
Hiron Cft. *Cov* —1J **21**
Hiron, The. *Cov* —1J **21**
Hirst Clo. *Long L* —4G **27**
Hob La. *Bal C & Burt G* —4B **18**
Hobley Clo. *Rugby* —3K **31**
Hockett St. *Cov* —1K **21** (7G **3**)
Hocking Rd. *Cov* —3F **17**
Hockley. —4G 13
Hockley La. *Cov* —4G **13**
Hodgetts La. *Berk & Burt G* —1D **18**
Hodnet Clo. *Ken* —3D **34**
Hogarth Clo. *Bed* —2E **4**
Holbein Clo. *Bed* —2E **4**
Holborn Av. *Cov* —5J **9**
Holbrook Av. *Rugby* —5C **28**
Holbrook La. *Cov* —4J **9**
(in two parts)
Holbrook Rd. *Long L* —4H **27**
Holbrooks. —4J 9
Holbrook Way. *Cov* —6K **9**
Holcot Leys. *Rugby* —3C **32**
Holland Rd. *Cov* —2G **15**
Hollicombe Ter. *Cov* —7F **11**
Hollies, The. *Newt* —1H **29**
Hollis La. *Ken* —7J **19** & 1A **34**
(in two parts)
Hollis Rd. *Cov* —6C **16**
Holloway Fld. *Cov* —2F **15**
Hollow Cres. *Cov* —3H **15**
Hollowell Way. *Rugby* —2E **28**
Hollybank. *Cov* —1G **21**
Hollyberry End. —3G 7
Hollybush La. *Longf* —3C **10**
Hollyfast La. *Cor* —3B **8**
Hollyfast Rd. *Cov* —1E **14**
Holly Gro. *Chu L* —4B **26**
Holly Gro. *Cov* —6B **14**
Hollyhurst. *Bed* —5D **4**
Holly La. *Bal C* —4A **18**
Holly Wlk. *Bag* —7A **22**
Holmcroft. *Cov* —7H **11**
Holme Clo. *Rugby* —3E **28**
Holmes Ct. *Ken* —3B **34**
Holmes Dri. *Cov* —3H **13**
Holmewood Clo. *Ken* —3D **34**
Holmfield Rd. *Cov* —5D **16**
Holmsdale Rd. *Cov* —1A **16**
Holroyd Ho. *Cov* —6K **13**
Holy Cross Ct. *Cov* —4G **17**
Holyhead Rd. *Cov* —3C **14** (1A **2**)
Holyoak Clo. *Bed* —5D **4**
Holyoak Clo. *Rugby* —2J **31**
Holywell Clo. *Cov* —7H **13**
Homefield La. *Dunc* —6K **31**
Homeward Way. *Bin* —7J **17**
Honeybourne Clo. *Cov* —5B **14**
Honeyfield Rd. *Cov* —3K **15**
Honeysuckle Clo. *Rugby* —1F **29**
Honeysuckle Dri. *Cov* —5D **10**
Honiley Way. *Cov* —6F **11**
Honiton Rd. *Cov* —3D **16**
Hood St. *Cov* —5A **16** (3H **3**)
Hood's Way. *Rugby* —7K **27**
Hope Clo. *Ker E* —1G **9**
Hopedale Clo. *Cov* —5G **17**
Hope St. *Cov* —6H **15** (4B **2**)
Hopkins Rd. *Cov* —4G **15**
Hopton Clo. *Cov* —4A **14**
Hornbeam Dri. *Cov* —7H **13**
Hornchurch Clo. *Cov* —7J **15** (7E **2**)
Hornchurch Clo. Ind. Est. *Cov* —7J **15** (7E **2**)
Horndean Clo. *Cov* —7A **10**
Horne Clo. *Rugby* —2K **33**
Horninghold Clo. *Bin* —1G **23**
Hornsey Clo. *Cov* —1G **17**
Horobins Yd. *Bed* —1F **5**
Horse Shoe Rd. *Cov* —3C **10**
Horsford Rd. *Cov* —3K **21**
Horton Cres. *Rugby* —7C **28**
Hosiery St. *Bed* —4G **5**
Hoskyn Clo. *Rugby* —2H **33**
Hospital La. *Bed* —4A **4**
Hotchkiss Way. *Bin I* —2J **23**
Hothorpe Clo. *Bin* —7H **17**
Houldsworth Cres. *Cov* —3J **9**
Houston Rd. *Rugby* —3E **28**
Hove Av. *Cov* —4J **13**
Hovelands Clo. *Cov* —7E **10**
Howard Clo. *Cov* —4J **13**
Howard Clo. *Dunc* —6K **31**
Howard St. *Cov* —4K **15** (1F **3**)
Howat Rd. *Ker E* —1F **9**
Howcotte Grn. *Cov* —2J **19**
Howells Clo. *Bed* —5B **4**
Howes La. *Cov* —7J **21**
Howkins Rd. *Rugby* —3E **28**
Howlette Rd. *Cov* —6J **13**
Hudson Rd. *Rugby* —1A **32**
Hugh Rd. *Cov* —6C **16**
Hulme Clo. *Bin* —7K **17**
Humber Av. *Cov* —7A **16** (6J **3**)
(in two parts)
Humber Ct. *Cov* —2C **22**
Humber Rd. *Cov* —7B **16**
Humberstone Rd. *Cov* —3G **15**
Humphrey Burton's Rd. *Cov* —1J **21**
Humphrey-Davy Rd. *Bed* —6B **4**
Hunters Clo. *Cov* —6J **17**
Hunters La. *Rugby* —4C **28**
Hunter St. *Rugby* —5E **28**
Hunter Ter. *Cov* —1D **20**
Huntfield Dri. *Ken* —7A **34**
Huntingdon Rd. *Cov* —7G **15** (7A **2**)
Hunt Ter. *Cov* —2B **20**
Hurn Way. *Cov* —3D **10**
Hurst Rd. *Bed* —3F **5**
Hurst Rd. *Longf* —3C **10**
(in two parts)

Hyde Rd. *Cov* —4G **17**
Hyde Rd. *Ken* —3C **34**

Ibex Clo. *Bin* —7H **17**
Ibstock Rd. *Cov* —2C **10**
Iden Rd. *Cov* —4A **16**
Ilam Pk. *Ken* —3E **34**
Ilford Clo. *Bed* —3E **4**
Ilford Ct. *Bin W* —2B **24**
Ilford Dri. *Cov* —4H **21**
Ilfracombe Gro. *Cov* —4G **21**
Ilmer Clo. *Rugby* —2G **29**
Ilmington Clo. *Cov* —4H **21**
Inca Clo. *Bin* —1H **23**
Inchbrook Rd. *Ken* —1E **34**
Ingram Rd. *Cov* —1D **20**
Innis Rd. *Cov* —1E **20**
Instone Rd. *Cov* —6G **9**
International Ho. *Cov* —5C **20**
Inverary Clo. *Ken* —4E **34**
Inverness Clo. *Cov* —4A **14**
Invicta Rd. *Bin* —1H **23**
Ireton Clo. *Cov* —7G **13**
Ironmonger Row. *Cov* —5J **15** (3E **2**)
Irving Rd. *Cov* —6A **16** (5J **3**)
Ivor Rd. *Cov* —5B **10**
Ivybridge Rd. *Cov* —3K **21**
Ivy Farm La. *Cov* —3D **20**

Jack Ball Ho. *Cov* —6H **11**
Jacker's Rd. *Cov* —3D **10**
Jacklin Dri. *Cov* —5J **21**
Jackson Clo. *Ker E* —1G **9**
Jackson Rd. *Cov* —6K **9**
Jackson Rd. *Rugby* —1J **33**
Jackwood Grn. *Bed* —6A **4**
Jacox Cres. *Ken* —3E **34**
Jacquard Clo. *Cov* —5K **21**
Jade Clo. *Cov* —4A **16**
Jamescroft. *Cov* —3G **23**
James Dawson Dri. *Alle* —7F **7**
James Galloway Clo. *Bin* —2G **23**
James Grn. Rd. *Cov* —6K **13**
James Ho. *Cov* —7E **10**
James St. *Rugby* —6D **28**
James Wlk. *Cov* —6K **13**
Jardine Cres. *Cov* —6K **13**
Jardine Shop. Cen. *Cov* —6K **13**
Jasmine Gro. *Cov* —1E **22**
Jedburgh Gro. *Cov* —5G **21**
Jeffrey Clo. *Bed* —6B **4**
Jeliff St. *Cov* —4A **16**
Jenkins Av. *Cov* —4K **13**
Jenkins Rd. *Rugby* —1J **33**
Jenner St. *Cov* —4K **15** (1G **3**)
Jephcott Ho. *Cov* —2H **3**
Jesmond Rd. *Cov* —4B **16** (1K **3**)
Jim Forrest Clo. *Cov* —1H **23**
J M Halls. *Cov* —5C **20**
Joanna Dri. *Cov* —6J **21**
Joan of Arc Ho. *Cov* —3A **22**
Joan Ward St. *Cov* —1E **22** (7F **3**)
Job's La. *Cov* —5A **14**
Joe O'Brien Clo. *Cov* —3E **22**
Joe Williams Clo. *Bin* —1H **23**
John Grace St. *Cov* —1K **21**
John Knight Rd. *Bed* —2F **5**
John McGuire Cres. *Bin* —2G **23**
John Nash Sq. *Ken* —5B **34**
John of Gaunt Ho. *Cov* —2A **22**
John O'Gaunt Rd. *Ken* —5A **34**
John Rous Av. *Cov* —2B **20**
John Shelton Dri. *Cov* —3J **9**
John Simpson Clo. *Wols* —6E **24**
John Sinclair Ct. *Cov* —1E **2**
Johnson Av. *Rugby* —7K **27**
Johnson Rd. *Bed* —3G **5**
Johnson Rd. *Cov* —7C **10**
John St. *Bed* —4E **4**
John Thwaites Clo. *Rugby* —7C **28**
John Tofts Ho. *Cov* —4J **15** (1E **2**)
Jonathan Rd. *Cov* —7H **11**
Jones Rd. *Exh* —5E **4**
Jordan Clo. *Ken* —6D **34**
Jordans, The. *Cov* —4C **14**
Jordan Well. *Cov* —6K **15** (4F **3**)
Joseph Creighton Clo. *Bin* —2G **23**
Joseph Halpin Ho. *Cov* —1G **3**
Joseph Latham Ho. *Cov* —6D **10**
Joseph Luckman Rd. *Bed* —2E **4**
Jubilee Cres. *Cov* —7H **9**
Jubilee St. *Rugby* —6A **28**
Jubilee Ter. *Bed* —2F **5**
Judd Clo. *Bed* —3D **4**
Judd's La. *Longf* —3A **10**

Judge Clo. *Long L* —4G **27**
Julian Clo. *Cov* —7H **11**
Juliet Dri. *Rugby* —4K **31**
Junction St. *Cov* —6H **15** (5C **2**)
Junewood Clo. *Rugby* —2F **29**
Juniper Clo. *Bed* —4C **4**
Juniper Dri. *Cov* —3K **13**

Kanzan Rd. *Cov* —3D **10**
Kareen Gro. *Bin W* —2A **24**
Karlingford Clo. *Cov* —1D **20**
Kathleen Av. *Bed* —5C **4**
Kay Clo. *Rugby* —2E **28**
Keats Rd. *Cov* —6F **17**
Kebull Grn. *Cov* —1J **19**
Keeling Rd. *Ken* —3D **34**
Keenan Dri. *Bed* —5B **4**
Keepers Wlk. *Bed* —5B **4**
Kegworth Clo. *Cov* —3C **10**
Kele Rd. *Cov* —6F **17**
Kelsey La. *Bal C* —4A **18**
Kelscote Rd. *Cov* —7F **9**
Kelsey's Clo. *Wols* —6D **24**
Kelvin Av. *Cov* —2K **15**
Kelway. *Bin* —6J **17**
Kempley Av. *Cov* —5E **16**
Kemps Grn. Rd. *Bal C* —3A **18**
Kendal Ri. *Cov* —4H **21**
Kendon Av. *Cov* —2E **14**
Kendrick Clo. *Cov* —3C **10**
Kenilcourt. *Ken* —1A **34**
Kenilworth. —4B 34
Kenilworth By-Pass. *Ken*
 (in two parts) —7D **34** & 7J **31**
Kenilworth Ct. *Cov* —1J **21**
Kenilworth M. *Ken* —3B **34**
Kenilworth Rd. *Bal C & Ken* —3A **18**
Kenilworth Rd. *Cov* —7D **20**
Kenilworth Rd. *Ken* —1D **34**
Kenilworth Rd. *Ken & B'dwn* —7E **34**
Kennedy Dri. *Rugby* —7J **27**
Kennet Clo. *Cov* —7E **10**
Kenpas Highway. *Cov* —3F **21**
Kensington Ct. *Cov* —7G **15** (6A **2**)
Kensington Rd. *Cov* —7F **15** (6A **2**)
Kent Clo. *Cov* —3A **22**
Kenthurst Clo. *Cov* —4G **13**
Kentmere Clo. *Cov* —5G **11**
Kent, The. *Rugby* —7J **29**
Kenwyn Grn. *Exh* —6F **5**
Keppel Clo. *Rugby* —1J **31**
Keppel St. *Cov* —3K **16**
Keresley. —5F 9
Keresley Brook Rd. *Cov* —5F **9**
Keresley Clo. *Cov* —5G **9**
Keresley Grn. Rd. *Cov* —6F **9**
Keresley Newland. —1F 9
Keresley Rd. *Cov* —7F **9**
Kerris Way. *Bin* —7J **17**
Kerrys Ho. *Cov* —4B **2**
Kestrel Cft. *Bin* —1H **23**
Keswick Dri. *Brow* —1E **28**
Keswick Wlk. *Cov* —4H **17**
Keviliok St. *Cov* —3K **21**
Kew Clo. *Ken* —3E **34**
Kew Rd. *Rugby* —5C **28**
Keyes Dri. *Rugby* —7J **27**
Kilburn Dri. *Cov* —5F **9**
Kildale Clo. *Cov* —5A **16** (2H **3**)
Kilsby La. *Rugby* —3K **33**
Kilworth Rd. *Rugby* —3K **33**
Kimberley Clo. *Cov* —4K **13**
Kimberley Rd. *Bag* —7A **22**
Kimberley Rd. *Bed* —2G **5**
Kimberley Rd. *Rugby* —5D **28**
Kimble Clo. *Cov* —4B **14**
Kineton Rd. *Cov* —2E **16**
Kineton Rd. *Ken* —4E **34**
King Edward Rd. *Cov* —4A **16** (1J **3**)
King Edward Rd. *Rugby* —5D **28**
Kingfield Ind. Est. *Cov* —2J **15**
Kingfield Rd. *Cov* —2J **15**
King George's Av. *Bed* —1F **5**
King George's Av. *Cov* —1F **5**
King George's Ct. *Long L* —4G **27**
King Richard St. *Cov* —5B **16** (2K **3**)
Kingsbury Rd. *Cov* —2D **14**
Kingscote Gro. *Cov* —5G **21**
Kings Gdns. *Bed* —4G **5**
Kings Gro. *Cov* —5D **16**
Kingsland Av. *Cov* —6F **15**
Kingsley Av. *Rugby* —1G **33**
Kingsley Clo. *Bin W* —3B **24**
Kingsley Cres. *Bulk* —6H **5**
Kingsley Orchard. *Rugby* —1G **33**

Kingsley Ter. *Cov* —7G **11**
Kingsley Wlk. *W'grve S* —7H **11**
Kingsmead M. *Cov* —3F **23**
King's Newnham. —2C 26
Kings Newnham La. *Bret* —2J **25**
Kings Newnham Rd. *Chu L* —2B **26**
Kingston Rd. *Cov* —6F **15**
King St. *Bed* —4F **5**
 (in two parts)
King St. *Cov* —4J **15** (2D **2**)
King St. *Rugby* —5C **28**
Kingsway. *Cov* —5C **16**
Kingsway. *Rugby* —1G **32**
Kingswood Clo. *Cov* —6K **9**
King William St. *Cov* —4A **16** (1H **3**)
Kinman Way. *Rugby* —3E **28**
Kintyre, The. *Cov* —1K **17**
Kinver Clo. *Cov* —6G **11**
Kinwalsey La. *Mer* —2A **6** & 1C **6**
Kipling Rd. *Cov* —7G **9**
Kirby Clo. *Bran* —2K **15**
Kirby Clo. *Cov* —2K **15**
Kirby Corner. —4A 20
Kirby Corner. *Cov* —3C **20**
Kirby Corner Rd. *Cov* —4B **20**
Kirby Rd. *Cov* —6F **15**
Kirkby Clo. *Rugby* —3G **29**
Kirkby Rd. *Rugby* —1H **33**
Kirkdale Av. *Cov* —4K **9**
Kirkstone. *Brow* —2F **29**
Kirkstone Rd. *Bed* —4E **4**
Kirton Clo. *Cov* —6F **9**
Kitchener Rd. *Cov* —7A **10**
Kittermaster Rd. *Mer* —6A **6**
Knight Av. *Cov* —7A **16** (6J **3**)
Knightlow Av. *Cov* —3E **22**
Knightlow Clo. *Ken* —5E **34**
Knightlow Lodge. *Cov* —3E **22**
Knightsbridge Av. *Bed* —1D **4**
Knights Templar Way. *Cov* —7A **14**
Knoll Cft. *Cov* —3J **21**
Knoll Dri. *Cov* —3J **21**
Knowle Hill. *Ken* —2E **34**
Kynner Way. *Bin* —7J **17**

Laburnum Av. *Cov* —3E **16**
Laburnum Av. *Ken* —4C **34**
Laburnum Clo. *Bed* —4C **4**
Laburnum Gro. *Rugby* —2K **31**
Ladbrook Rd. *Cov* —4A **14**
Ladyfields Way. *Cov* —3H **9**
Lady La. *Ken* —4B **34**
Lady La. *Longf* —3B **10**
Ladymead Dri. *Cov* —5H **9**
Ladysmock. *Rugby* —1F **29**
Lady Warwick Av. *Bed* —4G **5**
Lakeside. *Bed* —4E **4**
Lake Vw. Rd. *Cov* —4E **14**
Lambeth Clo. *Cov* —1G **17**
Lambourne Clo. *Cov* —4A **14**
Lamb St. *Cov* —5J **15** (2D **2**)
Lammas Ct. *Wols* —6E **24**
Lammas Ho. *Cov* —4G **15**
Lammas Rd. *Cov* —4F **15**
Lammerton Clo. *Cov* —2E **16**
Lancaster Pl. *Ken* —6A **34**
Lancaster Rd. *Rugby* —5C **28**
Lanchester Rd. *Cov* —2H **15**
Lancia Clo. *Cov* —3D **10**
Lancing Rd. *Bulk* —6J **5**
Landseer Clo. *Rugby* —1K **33**
Lane Side. *Cov* —3G **23**
Langbank Av. *Bin* —1E **22**
Langbay Ct. *Cov* —2H **17**
Langdale Av. *Cov* —4K **9**
Langdale Clo. *Rugby* —2E **28**
Langley Cft. *Cov* —6A **14**
Langlodge Rd. *Cov* —5H **9**
Langnor Rd. *Cov* —2E **16**
Langton Clo. *Bin* —1G **23**
Langton Rd. *Rugby* —1G **33**
Langwood Clo. *Cov* —2B **20**
Lansbury Clo. *Cov* —1G **17**
Lansdowne Clo. *Bed* —3E **4**
Lansdowne Pl. *Rugby* —7J **27**
Lansdowne St. *Cov* —5B **16** (3K **3**)
Lant Clo. *Cov* —1F **19**
Lapworth Rd. *Cov* —5E **10**
Larch Clo. *Rugby* —7H **27**
Larches, The. *Exh* —6E **4**
Larchfields. *Wols* —5E **24**
Larch Tree Av. *Cov* —5A **14**
Larchwood Rd. *Exh* —6A **5**
Larkfield Way. *Cov* —2A **14**
Larkin Clo. *Bulk* —6H **5**
Larkspur. *Rugby* —1F **29**
Larkspur Ct. *Bed* —6A **4**

Latham Rd. *Cov* —6G **15**
Latimer Clo. *Ken* —6B **34**
Lauderdale Av. *Cov* —4K **9**
Lauderdale Clo. *Rugby* —5H **27**
Laurel Clo. *Cov* —5G **11**
Laurel Dri. *Rugby* —1H **31**
Laurel Gdns. *Rugby* —2B **32**
Laurels Cres. *Bal C* —3A **18**
Laurels, The. *Bed* —4C **4**
Lavender Av. *Cov* —3E **14**
Lavender Clo. *Rugby* —1G **29**
Lavender Hall La. *Berk* —7A **12**
Lawford Clo. *Bin* —7G **17**
Lawford Heath. —3C 30
Lawford Heath Ind. Est. *Law H* —3B **30**
Lawford Heath La. *Law H* —4B **30**
Lawford La. *Rugby* —7H **27**
Lawford Rd. *Rugby* —5J **27**
Lawley Clo. *Cov* —6A **14**
Lawns, The. *Bed* —4B **4**
Lawrence Gdns. *Ken* —2B **34**
Lawrence Rd. *Exh* —6E **4**
Lawrence Rd. *Rugby* —4F **29**
Lawrence Saunders Rd. *Cov* —3G **15**
Lawrence Sheriff St. *Rugby* —6C **28**
Lea Cres. *Rugby* —3K **27**
Leacrest Rd. *Cov* —5G **9**
Leaf Ct. *Cov* —5K **21**
Leafield Clo. *Cov* —6H **11**
Leaf La. *Cov* —5A **22**
Leagh Clo. *Ken* —1D **34**
Leaholme Ct. *Cov* —1F **21**
Leam Grn. *Cov* —4D **20**
Leamington Rd. *Cov* —1H **21**
Leamington Rd. *Ken* —6C **34**
Leas Clo. *Bed* —3E **4**
Leasowes Av. *Cov* —5F **21**
Leeder Clo. *Cov* —5J **9**
Leeming Clo. *Cov* —4C **20**
Lee, The. *Cov* —4C **4**
Le Hanche Clo. *Ker E* —1G **9**
Leicester Causeway. *Cov* —4K **15**
Leicester Ct. *Bulk* —7J **5**
Leicester Rd. *Bed* —2F **5**
Leicester Rd. *Rugby* —4C **28**
Leicester Rd. *Shil* —7J **11**
Leicester Row. *Cov* —4J **15** (1E **2**)
Leicester St. *Bed* —3F **5**
Leicester St. *Bulk* —7J **5**
Leigh Av. *Cov* —6J **21**
Leigh Rd. *Swift I* —1B **28**
Leigh St. *Cov* —4A **16** (1J **3**)
Leighton Clo. *Cov* —7D **20**
Lennox Clo. *Cov* —3G **23**
Lenton's La. *Cov* —2F **11**
Leofric St. *Cov* —3G **15**
*Leonard Perkins Ho. Bulk —7K **5***
 (off Elm Tree Rd.)
Leopold Rd. *Cov* —4B **16** (1K **3**)
Lesingham Dri. *Cov* —7J **13**
Lestock Clo. *Rugby* —7J **27**
Letchlade Clo. *Cov* —7E **10**
Leven Way. *Cov* —7J **11**
Lever Rd. *Rugby* —1J **33**
Leveson Cres. *Bal C* —3A **18**
Levy Clo. *Rugby* —5B **28**
Lewis Rd. *Cov* —3K **15**
Leyburn Clo. *Cov* —5K **9**
Leycester Rd. *Ken* —6B **34**
Leyes La. *Ken* —3D **34**
Leyland Rd. *Bulk* —7H **5**
Leyland Rd. *Cov* —4D **14**
Leymere Clo. *Mer* —6A **6**
Leyside. *Cov* —4G **23**
Leys La. *Mer* —6A **6**
Library Rd. *Cov* —5B **20**
Lichen Grn. *Cov* —4D **20**
Lichfield Rd. *Cov* —1K **21**
Lifford Way. *Bin* —2J **23**
Light La. *Cov* —4J **15** (1D **2**)
Lilac Av. *Cov* —3F **15**
Lilac Dri. *Rugby* —7H **27**
Lilac Rd. *Bed* —1H **5**
Lilacvale Way. *Cov* —4D **20**
Lilbourne Rd. *Clift D* —4J **29**
Lilley Clo. *Cov* —5J **9**
Lillington Rd. *Cov* —6F **11**
Limbrick Av. *Cov* —7K **13**
Lime Gro. *Cov* —6B **14**
Lime Gro. *Ken* —4C **34**
Limes, The. *Bed* —4C **4**
Limestone Hall La. *Chu L* —1A **30**
Lime Tree Av. *Bil* —3H **31**
Lime Tree Av. *Cov* —6A **14**
Lime Tree Park. —6A 14
Linaker Rd. *Cov* —4E **22**
Lincoln St. *Cov* —4K **15** (1E **2**)
Lincroft Cres. *Cov* —4D **14**
Lindale. *Rugby* —1F **29**

Linden Lea. *Bed* —3F **5**
Lindfield, The. *Cov* —1E **22**
Lindisfarne Dri. *Ken* —4D **34**
Lindley Rd. *Bed* —4B **4**
Lindley Rd. *Cov* —6D **16**
Lindsey Cres. *Ken* —7B **34**
Linford Wlk. *W'grve S* —6H **11**
Lingfield Ct. *Cov* —3D **10**
Links Rd. *Cov* —7G **9**
Linnell Rd. *Cov* —7G **29**
Linnet Clo. *Cov* —4F **23**
Linstock Way. *Cov* —3D **10**
Linwood Dri. *Cov* —6H **11**
Lion Fields Av. *Cov* —2B **14**
Lismore Rd. *Rugby R* —1K **17**
Little Bedworth Heath. —6D 4
Lit. Church St. *Cov* —4K **15**
Lit. Church St. *Rugby* —6C **28**
Lit. Cryfield. *Cov* —7C **20**
Lit. Elborow St. *Rugby* —6C **28**
Lit. Farm. *Cov* —3F **23**
Lit. Fields. *Cov* —3C **16**
Little Gro. *Rugby* —1E **32**
Little Heath. —5B 10
Lit. Heath Ind. Est. *Cov* —6B **10**
(in two parts)
Little Lawford. —2F 27
Lit. Lawford La. *Lit L & Rugby* —2E **26**
Lit. London La. *Newt* —1J **29**
Lit. Park St. *Cov* —6K **15** (5F **3**)
Lit. Pennington St. *Rugby* —6B **28**
Littlethorpe. *Cov* —3F **23**
Littleton Clo. *Ken* —1C **34**
Livingstone Av. *Long L* —5F **27**
Livingstone Rd. *Cov* —1K **15**
Liza Ct. *Rugby* —1E **28**
Lloyd Cres. *Cov* —5G **17**
Lloyd Rd. *Rugby* —3E **28**
Loach Dri. *Cov* —3D **10**
Locke Clo. *Cov* —6G **9**
Lockhart Clo. *Ken* —4C **34**
Lockhurst La. *Cov* —7K **9**
Locks, The. *Hillm* —1K **33**
Loder Clo. *Cov* —5K **13**
Lodge Green. —4C 6
Lodge Grn. La. *Mer* —4C **6**
Lodge Grn. La. N. *Mer* —4C **6**
Lodge Rd. *Cov* —7D **16**
Lodge Rd. *Rugby* —5D **28**
Logan Rd. *Cov* —1G **17**
Lole Clo. *Longf* —3C **10**
Lollard Cft. *Cov* —1K **21**
Lomsey Clo. *Cov* —7A **14**
London Rd. *Cov* —7A **16** (6H **3**)
London Rd. *Cov & Ryton D* —5F **23**
London Rd. *Stret D* —4A **30**
Long Clo. Av. *Cov* —2B **14**
Longfellow Rd. *Cov* —5E **16**
Longfield Ho. *Cov* —7C **10**
Longford. —3B 10
Longford Rd. *Exh* —1C **10**
Longford Rd. *Longf* —4B **10**
Longford Sq. *Longf* —3B **10**
Long Furlong. *Rugby* —3B **32**
Long La. *Alle* —5D **8**
Long Lawford. —5G 27
Longrood Rd. *Rugby* —4K **31**
Long St. *Bulk* —7K **5**
Longwood Clo. *W'wd B* —3K **19**
Lonscale Dri. *Cov* —4H **21**
Lord Lytton Av. *Cov* —6F **17**
Lord St. *Cov* —6F **15**
Lorenzo Clo. *Cov* —3F **23**
Loudon Av. *Cov* —3G **15**
Love La. *Ken* —2B **34**
Lovell Clo. *Exh* —6E **4**
Lovell Rd. *Bed* —3E **4**
Loverock Cres. *Rugby* —7G **29**
Lower Eastern Green. —4J 13
Lwr. Eastern Grn. La. *Cov* —4K **13**
Lwr. Ford St. *Cov* —5K **15** (2G **3**)
(in two parts)
Lwr. Hillmorton Rd. *Rugby* —6G **28**
Lwr. Holyhead Rd. *Cov* —5H **15** (3C **2**)
Lwr. Ladyes Hills. *Ken* —2C **34**
Lower Ladyes Hills. —3B 34
Lowe Rd. *Cov* —5F **9**
Lwr. Precinct. *Cov* —5J **15** (3D **2**)
Lower Rd. *Barn* —1K **11**
Lower Stoke. —6C 16
Lower St. *Rugby* —1K **33**
Loweswater Rd. *Bin* —7G **17**
Lowry Clo. *Bed* —2E **4**
Lowther St. *Cov* —4B **16**
Loxley Clo. *Cov* —5F **11**
Loxley Ct. *Cov* —5F **11**
Lucas Ct. *Rugby* —5D **28**
Lucian Clo. *Cov* —1K **17**
Ludlow Rd. *Cov* —6G **15** (5A **2**)

Luff Clo. *Cov* —1D **22**
Lulworth Pk. *Ken* —2E **34**
Lumsden Clo. *Cov* —7H **11**
Lunar Clo. *Cov* —4D **20**
Lunn Av. *Ken* —5A **34**
Lupton Av. *Cov* —2J **21**
Luscombe Rd. *Cov* —7G **11**
Luther Way. *Cov* —4K **13**
Lutterworth Rd. *Cov* —3E **16**
Luxor La. *Alle* —7F **7**
Lydford Clo. *Cov* —1E **16**
Lydgate Clo. *Bed* —2E **4**
Lydgate Rd. *Cov* —3H **15**
Lymesy St. *Cov* —3K **21**
Lymington Clo. *Cov* —7K **9**
Lymington Dri. *Longf* —2D **10**
Lymore Cft. *Cov* —7J **11**
Lynbrook Rd. *Cov* —1D **20**
Lynchgate Ct. *Cov* —3C **20**
Lynchgate Rd. *Cov* —3C **20**
Lyndale Clo. *Cov* —5C **14**
(in two parts)
Lyndale Rd. *Cov* —5C **14**
Lyndhurst Clo. *Longf* —2D **10**
Lyndhurst Cft. *E Grn* —4G **13**
Lyndhurst Rd. *Rugby* —2H **33**
Lyne Ho. *Cov* —6F **11**
Lyng Clo. *Cov* —5A **14**
Lynmouth Rd. *Cov* —7G **11**
Lynton Rd. *Cov* —6B **10**
Lythalls La. *Cov* —5K **9**
Lythalls La. Ind. Est. *Cov* —6A **10**
Lytham Rd. *Rugby* —1K **31**
Lyttelton Clo. *Bin* —7J **17**

Macauley Rd. *Cov* —4F **17**
Macauley Rd. *Rugby* —3A **32**
Macbeth Clo. *Rugby* —4A **32**
Macdonald Rd. *Cov* —5F **17**
Macefield Clo. *Ald I* —4F **11**
Mackenzie Clo. *Cov* —1A **14**
Madden Pl. *Rugby* —7J **27**
Madeira Cft. *Cov* —6E **14**
Magnet La. *Rugby* —2J **31**
Magneto Rd. *Cov* —7E **16**
Magnolia Clo. *Cov* —4H **21**
Magpie Ho. *Cov* —3H **13**
Maguire Ind. Est. *Cov* —1K **19**
Maidavale Cres. *Cov* —4J **21**
Maidenhair Dri. *Rugby* —1F **29**
Main Rd. *Mer* —6A **6**
Main St. *Bil* —2J **11**
Main St. *Clift D* —4H **29**
Main St. *Long L* —5G **27**
Main St. *Newt* —1J **29**
Main St. *T'ton* —7F **31**
Main St. *Wols* —5D **24**
Malam Clo. *Cov* —7A **14**
Mallory Way. *Gall P* —3A **10**
Mallow Way. *Rugby* —1E **28**
Malmesbury Rd. *Cov* —5G **9**
Malthouse La. *Ken* —1A **34**
Malvern Av. *Rugby* —1F **33**
Malvern Rd. *Bal C* —3A **18**
Malvern Rd. *Cov* —4F **15**
Manderley Clo. *Cov* —3G **13**
Mandrake Clo. *Cov* —3K **9**
Manfield Av. *Cov* —1J **17**
Manor Ct. *Ken* —2C **34**
Manor Est. *Wols* —6D **24**
Mnr. Hall M. *Cov* —3F **23**
Manor Ho. *Cov* —1H **17**
Manor Ho. Clo. *N'bld* —2K **27**
Manor Ho. Dri. *Cov* —6J **15** (6D **2**)
Manor La. *Clift D* —3J **29**
(in two parts)
Manor Rd. *Cov* —7J **15** (6D **2**)
Manor Rd. *Ken* —2B **34**
Manor Rd. *Rugby* —5D **28**
Manor Ter. *Cov* —5E **2**
Manor Yd. *Cov* —6J **15** (5E **2**)
Manse Clo. *Exh* —5E **4**
Mansel St. *Cov* —7A **10**
Mantilla Dri. *Cov* —4G **21**
Maple Av. *Exh* —5F **5**
Maplebeck Clo. *Cov* —5G **15**
Maple Gro. *Cov* —5C **28**
Maples, The. *Bed* —4C **4**
Mapleton Rd. *Cov* —7F **9**
Mapperley Clo. *Cov* —7J **11**
March Way. *Cov* —2F **23**
Mardol Clo. *Cov* —1F **17**
Margaret Av. *Bed* —3E **4**
Margeson Clo. *Cov* —6G **17**
Margetts Clo. *Ken* —4B **34**
Marie Brock Clo. *Cov* —7A **14**

Marina Clo. *Cov* —2J **19**
Marion Rd. *Cov* —1K **15**
Market End. —4B 4
Mkt. End Clo. *Bed* —5B **4**
Market Pl. *Rugby* —6C **28**
Market St. *Rugby* —5D **28**
Market Way. *Cov* —6J **15** (4D **2**)
Marlborough Rd. *Cov* —6C **16**
Marlborough Rd. *Rugby* —1A **32**
Marlcroft. *Cov* —3G **23**
Marler Rd. *Cov* —2K **19**
Marlissa Dri. *Cov* —5A **10**
Marlow Clo. *Cov* —4B **14**
Marlston Wlk. *Cov* —4B **14**
Marlwood Clo. *Longf* —3B **10**
Marner Cres. *Cov* —2H **15**
Marner Rd. *Bed* —3E **4**
Marnhull Clo. *Cov* —4H **17**
Marriner's La. *Cov* —3B **14**
Marriott Rd. *Bed* —4B **4**
Marriott Rd. *Cov* —1H **15**
Marshall Rd. *Exh* —6D **4**
Marshbrook Clo. *Ald I* —5G **11**
Marshdale Av. *Cov* —4A **10**
Marshfield Dri. *Cov* —7D **20**
Marsh Ho. *Cov* —1J **15**
Marston. —4G 25
Marston Jabbett. —1K 5
Marston La. *Bed* —2F **5**
Martin Clo. *Cov* —4J **13**
Martindale Rd. *Exh* —6G **5**
Martin La. *Rugby* —3K **31**
Martins Rd. *Bed* —5C **4**
Martyrs Clo., The. *Cov* —1K **21**
Mary Herbert St. *Cov* —2K **21**
Mary Slessor St. *Cov* —3E **22**
Marystow Clo. *Alle* —7B **8**
Mason Rd. *Cov* —6B **10**
Masser Rd. *Cov* —3J **9**
Massers Yd. *Cov* —3C **10**
Matlock Clo. *Rugby* —2E **28**
Matlock Rd. *Cov* —2K **15**
Matterson Rd. *Cov* —3G **15**
Maudslay Rd. *Cov* —6E **14**
Maureen Clo. *Cov* —7G **13**
Mavor Dri. *Bed* —3B **4**
Mawnan Clo. *Exh* —6F **5**
Max Rd. *Cov* —3F **15**
Maxstoke Clo. *Mer* —6A **6**
Maxstoke La. *Mer* —4A **6** & 5A **6**
Maycock Rd. *Cov* —1K **15**
Mayfield. *Bed* —3F **5**
Mayfield Clo. *Bed* —3F **5**
Mayfield Dri. *Ken* —4E **34**
Mayfield Rd. *Cov* —1G **21** (7A **2**)
Mayflower Dri. *Cov* —6F **17**
May La. *Rugby* —1K **31**
Maynard Av. *Bed* —4B **4**
Mayo Dri. *Ken* —4C **34**
Mayor's Cft. *Cov* —2B **20**
May St. *Cov* —7A **10**
McDonnell Dri. *Exh* —1B **10**
McKinnell Cres. *Rugby* —7G **29**
McMahon Rd. *Bed* —6C **4**
Meadfoot Rd. *Cov* —3F **23**
Meadow Clo. *Ansty* —5B **12**
Meadow Ho. *Cov* —5H **15** (3B **2**)
Meadow Rd. *Cov* —3H **9**
Meadow Rd. *Rugby* —3K **27**
Meadow Rd. *Wols* —5E **24**
Meadow St. *Cov* —6H **15** (4B **2**)
Meadowsweet. *Rugby* —1E **28**
Meadway. *Cov* —2D **16**
Meadway N. *Cov* —2D **16**
Medhurst Clo. *Dunc* —7H **31**
Medina Rd. *Cov* —6A **10**
Medland Av. *Cov* —3B **14**
Meer End Rd. *Hon* —7A **18**
Meeting Ho. La. *Bal C* —2A **18**
Melbourne Ct. *Bed* —4E **4**
Melbourne Rd. *Cov* —6G **15**
Melfort Clo. *Cov* —6H **17**
Mellish Ct. *Rugby* —1A **32**
Mellish Rd. *Rugby* —1A **32**
Mellor Rd. *Rugby* —2K **33**
Mellowdew Rd. *Cov* —4E **16**
Mellowship Rd. *Cov* —3G **13**
Melrose Av. *Bed* —6B **4**
Melville Clo. *Exh* —6E **4**
Melville Rd. *Cov* —5G **15** (3A **2**)
Mercer Av. *Cov* —3C **16**
Mercer Ct. *Rugby* —2H **33**
Mercia Av. *Ken* —4A **34**
Mercia Bus. Village. *W'wd B* —3K **19**
Mercia Ho. *Cov* —5J **15** (3D **2**)
Meredith Rd. *Cov* —5F **17**
Meriden. —6A 6
Meriden Cross. —6A 6

Meriden Hall Mobile Home Pk. *Mer*
—7A 6
Meriden Rd. *Mer* —3A **12**
Meriden St. *Cov* —5H **15** (2B **2**)
Merrivale Rd. *Cov* —5E **14**
Merryfields Way. *Cov* —6H **11**
Mersey Rd. *Bulk* —7G **5**
Merttens Dri. *Rugby* —7B **28**
Merynton Av. *Cov* —3E **20**
Meschede Way. *Cov* —6K **15** (4F **3**)
Meschines St. *Cov* —3K **21**
Mews, The. *Bed* —4F **5**
Mews, The. *Ken* —5A **34**
Mews, The. *Rugby* —1J **33**
Michaelmas Rd. *Cov* —7J **15** (7D **2**)
Michel Ho. *Cov* —4K **15** (1G **3**)
Michell Clo. *Cov* —1D **22**
Mickleton Rd. *Cov* —7G **15** (7A **2**)
Middleborough Rd. *Cov* —5H **15** (2B **2**)
Middlecotes. *Cov* —7B **14**
Middlefield Dri. *Bin* —7J **17**
Middlemarch Bus. Pk. *Cov* —5F **23**
(nr. Siskin Dri.)
Middlemarch Bus. Pk. *Cov* —7E **22**
(nr. Siskin Parkway E.)
Middlemarch Rd. *Cov* —2H **15**
Middle Ride. *Cov* —3G **23**
Middle Stoke. —5D **16**
Midland Air Mus. —6D 22
Midland Dri. *Bed* —3A **16**
Midland Trad. Est. *Cov* —5A **10**
Mile La. *Cov* —7K **15** (6F **3**)
Miles Mdw. *Cov* —6D **10**
Milestone Dri. *Rugby* —2B **32**
Milestone Ho. *Cov* —4B **2**
Mile Tree La. *Cov* —1G **11**
Milford Clo. *Alle* —2B **14**
Millais Clo. *Bed* —2E **4**
Millbank M. *Ken* —2D **34**
Millbeck. *Brow* —2F **29**
Millburn Hill Rd. *Cov* —3B **20**
Mill Clo. *Cov* —4D **10**
Mill End. —2D 34
Mill End. *Ken* —2D **34**
Millers Clo. *Dunc* —6G **31**
Millers Dale Clo. *Rugby* —2E **28**
Mill Farm Clo. *Dunc* —7J **31**
Millfields Av. *Rugby* —2H **33**
Mill Hill. *Bag* —5K **21**
Mill Ho. Ct. *Cov* —1B **16**
Mill La. *Bulk* —6G **5**
Mill La. *Bin* —6H **17**
Mill La. *Clift D* —3G **29**
Mill Race La. *Cov* —4C **10**
Mill Rd. *Rugby* —4E **28**
Mill St. *Bed* —3F **5**
Mill St. *Cov* —5H **15** (1C **2**)
Mill Ter. *Bed* —1F **5**
Milner Clo. *Bulk* —7K **5**
Milner Cres. *Cov* —6G **11**
Milrose Way. *Cov* —1K **19**
Milton Clo. *Bed* —5H **5**
Milton St. *Cov* —3C **16**
Milverton Rd. *Cov* —5E **10**
Minster Rd. *Cov* —5H **15** (3B **2**)
Minton Rd. *Cov* —7H **11**
Miranda Clo. *Cov* —2F **23**
Mitchell Av. *Cov* —2A **20**
Mitchell Rd. *Bed* —4G **5**
Moat Av. *Cov* —5F **21**
Moat Clo. *T'ton* —7F **31**
Moat Farm Dri. *Bed* —6A **4**
Moat Farm Dri. *Rugby* —3J **33**
Moat Ho. La. *Cov* —2C **20**
Modbury Clo. *Cov* —4K **21**
Molesworth Av. *Cov* —7C **16**
Momus Boulevd. *Cov* —6E **16**
Monks Cft., The. *Cov* —2J **21**
Monk's Fld. Clo. *Cov* —7A **14**
Monks Rd. *Bin W* —2A **18**
Monks Rd. *Cov* —6B **16** (4K **3**)
Monkswood Cres. *Cov* —7F **11**
Monmouth Clo. *Cov* —5B **14**
Monmouth Clo. *Ken* —2B **34**
Montague Rd. *Rugby* —5K **31**
Montalt Rd. *Cov* —2K **21**
Montgomery Clo. *Cov* —5E **22**
Montgomery Dri. *Rugby* —1J **31**
Montjoy Clo. *Cov* —2F **23**
Montpellier Clo. *Cov* —3J **21**
Montrose Rd. *Rugby* —1C **32**
Moore Clo. *Longf* —3C **10**
Moorfield, The. *Cov* —1C **22**
Moorlands Av. *Ken* —5B **34**
Moor's La. *Hillm* —2K **33**
Moor St. *Cov* —7F **15**
Moreall Meadows. *Cov* —6D **20**
Morfa Gdns. *Cov* —3D **14**
Morgans Rd. *Cov* —4G **13**

Morland Clo. *Bulk* —7K **5**
Morland Rd. *Cov* —5J **9**
Morningside. *Cov* —1H **21** (7B **2**)
Morris Av. *Cov* —4F **17**
Morris Clo. *N'bld* —3B **28**
Morson Cres. *Rugby* —7G **29**
Mortimer Rd. *Ken* —6B **34**
Morton Clo. *Cov* —6G **9**
Morton Gdns. *Rugby* —7D **28**
Mosedale. *Rugby* —2F **29**
Moseley Av. *Cov* —4G **15**
Moseley Rd. *Ken* —5D **34**
Moss Clo. *Rugby* —1A **32**
Mossdale Clo. *Cov* —2G **15**
Moss Gro. *Ken* —1D **34**
Mottistone Clo. *Cov* —3K **21**
Moultrie Rd. *Rugby* —7D **28**
Mountbatten Av. *Ken* —4E **34**
Mount Dri. *Bed* —3E **4**
Mount Fld. Ct. *Cov* —4A **16** (1H **3**)
Mount Gdns. *Cov* —1H **21**
Mt. Nod Way. *Cov* —5A **14**
Mount Pleasant. —3E 4
Mt. Pleasant Rd. *Bed* —3E **4**
Mount St. *Cov* —6F **15**
Mount, The. *Cov* —1K **21**
Mowbray St. *Cov* —5B **16** (2K **3**)
Moyeady Av. *Rugby* —2G **33**
Moyle Cres. *Cov* —4J **13**
Much Pk. St. *Cov* —6K **15** (4F **3**)
Mulberry Rd. *Cov* —2C **16**
Mulberry Rd. *Rugby* —7H **27**
Mulliner St. *Cov* —3B **16**
Murrayian Clo. *Rugby* —6D **28**
Murray Rd. *Cov* —1G **15**
Murray Rd. *Rugby* —6D **28**
Mylgrove. *Cov* —6K **21**
Myrtle Gro. *Cov* —7F **15**

N
Nailcote Av. *Cov* —7G **13**
Nailcote La. *Berk* —3E **18**
Napier St. *Cov* —5A **16** (3J **3**)
Napier St. Ind. Est. *Cov* —5A **16** (3J **3**)
  (off Napier St.)
Napton Grn. *Cov* —5A **14**
Narberth Way. *Cov* —1H **17**
Nares Clo. *Rugby* —1A **32**
Naseby Clo. *Bin* —7H **17**
Naseby Rd. *Rugby* —1E **32**
Naul's Mill Ho. *Cov* —4H **15** (1C **2**)
Navigation Way. *Cov* —7C **10**
Nayler Clo. *Cov* —3E **28**
Neal Clo. *Bulk* —7J **5**
Neal Ct. *Cov* —7J **11**
Neale Av. *Cov* —2A **14**
Neal's Green. —1K 9
Nelson St. *Cov* —4A **16** (1J **3**)
Nelson Way. *Rugby* —1J **31**
Nene Clo. *Bin* —2F **23**
Nene Ct. *Rugby* —5J **27**
Nethermill Rd. *Cov* —3G **15**
Newall Clo. *Clift D* —4G **29**
New Ash Dri. *Cov* —3K **13**
New Bilton. —6A 28
Newbold Clo. *Bin* —7H **17**
Newbold Footpath. *Rugby* —5B **28**
  (in two parts)
Newbold on Avon. —3A 28
Newbold Rd. *Rugby* —2A **28**
New Bldgs. *Cov* —5K **15** (3E **2**)
Newby Clo. *Cov* —3A **22**
New Century Pk. *Cov* —7F **17**
Newcombe Clo. *Dunc* —7J **31**
Newcombe Rd. *Cov* —7F **15** (7A **2**)
Newcomen Clo. *Bed* —6B **4**
Newcomen Rd. *Bed* —5B **4**
Newdigate Clo. *Bed* —3E **4**
Newdigate Rd. *Bed* —2E **4**
Newdigate Rd. *Cov* —2B **16**
Newey Av. *Bed* —6B **4**
Newey Dri. *Ken* —6C **34**
Newey Rd. *Cov* —4F **17**
Newfield Av. *Ken* —5D **34**
Newfield Rd. *Cov* —3J **15**
Newgate Ct. *Cov* —6K **15** (5G **3**)
New Grn. Pk. Cvn. Site. *Cov* —1F **17**
Newhall Rd. *Cov* —1F **17**
Newhaven Clo. *Cov* —2E **14**
Newington Clo. *Cov* —2D **14**
Newland La. *Cov* —1H **9**
Newland Rd. *Cov* —3K **15**
Newland St. *Rugby* —6A **28**
Newman Clo. *Bed* —2F **5**
Newmarket Clo. *Cov* —3D **10**
Newnham La. *Brin* —1A **26**
Newnham Rd. *Cov* —3B **16**
Newport Rd. *Cov* —6K **9**
New Rd. *Ash G* —1J **9**

New Rd. *Cov* —6F **9**
Newstead Way. *Bin* —7K **17**
New St. *Bed* —4G **5**
New St. *Bulk* —7J **5**
New St. *Ken* —2B **34**
New St. *Rugby* —6A **28**
Newton. —1J 29
Newton Bldgs. *Bed* —4F **5**
Newton Clo. *Cov* —1H **17**
Newton La. *Newt* —1J **29**
Newton Mnr. La. *Newt* —1E **28**
Newton Rd. *Newt* —1J **29**
Newtown Rd. *Bed* —4D **4**
  (in two parts)
New Union St. *Cov* —6J **15** (5E **2**)
Nicholls St. *Cov* —5B **16** (2K **3**)
Nickson Rd. *Cov* —1J **19**
Nightingale La. *Cov* —1D **20**
Niven Clo. *Alle* —2A **14**
Nod Ri. *Cov* —4A **14**
Nolan Clo. *Longf* —3K **9**
Nordic Drift. *Cov* —1J **17**
Norfolk St. *Cov* —5H **15** (3B **2**)
Norman Ashman Coppice. *Bin W*
  —2A **24**
Norman Av. *Cov* —6H **11**
Norman Pl. Rd. *Cov* —1E **14**
Norman Rd. *Rugby* —3B **28**
Northampton La. *Dunc* —6D **30**
  (in two parts)
North Av. *Bed* —4H **5**
North Av. *Cov* —5C **16**
Northbrook Rd. *Cov* —7D **8**
Northcote Rd. *Rugby* —7B **28**
Northey Rd. *Cov* —7K **9**
Northfield Rd. *Cov* —6A **16** (5J **3**)
Northfolk Ter. *Cov* —2B **20**
North Rd. *Clift D* —4H **29**
North St. *Cov* —3C **16**
North St. *Rugby* —6C **28**
Northumberland Rd. *Cov*
  —5G **15** (3A **2**)
Northvale Clo. *Ken* —2D **34**
North Vw. *Cov W* —6J **11**
Norton Hill Dri. *Cov* —2G **17**
Norton Leys. *Rugby* —3B **32**
Norton St. *Cov* —2F **3**
Norwich Dri. *Cov* —4H **21**
Norwood Gro. *Cov* —5G **11**
Nova Cft. *Cov* —4G **13**
Nuffield Rd. *Cov* —7C **16**
Nuneaton Rd. *Bed* —1F **5**
Nunts La. *Cov* —4H **9**
Nunts Pk. Av. *Cov* —3H **9**
Nutbrook Av. *Cov* —6J **13**

O
Oak Clo. *Bag* —7B **22**
Oak Clo. *Bed* —2G **5**
Oakdale Rd. *Bin W* —2A **24**
Oakey Clo. *Cov* —3B **10**
Oakfield Rd. *Cov* —3F **15**
Oakfield Rd. *Rugby* —7B **28**
Oakford Dri. *Cov* —2K **13**
Oakham Cres. *Bulk* —7K **5**
Oaklands Ct. *Ken* —6C **34**
Oaklands, The. *Cov* —6A **14**
Oak La. *Alle* —7G **7**
Oak La. Pk. Homes. *Alle* —6H **7**
Oakley Ct. *Bed* —5B **4**
Oakmoor Rd. *Cov* —4C **10**
Oak's Pl. *Longf* —4C **10**
Oaks Precinct. *Ken* —5A **34**
Oaks Rd. *Ken* —6A **34**
Oaks, The. *Bed* —4D **4**
Oak St. *Rugby* —7C **28**
Oak Tree Av. *Cov* —3G **21**
Oak Tree Rd. *Bin* —2J **23**
Oak Way. *Cov* —6H **13**
Oakworth Clo. *Cov* —7H **11**
Oban Rd. *Cov* —2B **10**
Oberon Clo. *Rugby* —4K **31**
Occupation Rd. *Cov* —5E **16**
Oddicombe Cft. *Cov* —4K **21**
Offa Dri. *Ken* —3C **34**
Okehampton Rd. *Cov* —4A **22**
Okement Gro. *Long L* —4H **27**
Olaf Pl. *Cov* —1J **17**
Old Chu. Rd. *Cov* —6B **10**
Old Colliery Trad. Est. *Ker E* —1F **9**
Old Crown M. *Cov* —3F **11**
Oldfield Rd. *Cov* —5D **14**
Oldham Av. *Cov* —4F **17**
Oldham Way. *Long L* —5H **27**
Old Leicester Rd. *Rugby* —2C **28**
  (in two parts)
Old Meeting Yd. *Bed* —3F **5**
Old Mill Av. *Cov* —4D **20**

Old Rd. *Mer* —6C **6**
Old Winnings Rd. *Ker E* —1F **9**
Olive Av. *Cov* —3F **17**
Oliver St. *Cov* —2B **16**
Oliver St. *Rugby* —6B **28**
Olivier Way. *Cross P* —7K **11**
Olton Av. *Cov* —4K **13**
Olympus Clo. *Alle* —7F **7**
Omar Rd. *Cov* —6F **17**
One O'Clock Ride. *Bin* —2C **24**
Onley La. *Rugby* —4E **32**
Onley Ter. *Cov* —2C **20**
Oratory Dri. *Cov* —3E **22**
Orchard Bus. Pk. *Cov* —5C **28**
Orchard Ct. *Bin* —7J **17**
Orchard Cres. *Cov* —1J **21** (7D **2**)
Orchard Dri. *Cov* —4G **13**
Orchard La. *Ken* —5E **34**
Orchard Retail Pk. *Cov* —5F **23**
Orchards, The. *Newt* —1H **29**
Orchard St. *Bed* —1F **5**
Orchard Way. *Rugby* —2K **31**
Ordnance Rd. *Cov* —3A **16**
Orion Cres. *Cov* —5G **11**
Orlando Clo. *Rugby* —4K **31**
Orlescote Rd. *Cov* —3D **20**
Orpington Dri. *Cov* —3K **9**
Orson Leys. *Rugby* —3B **32**
Orton Rd. *Cov* —4J **9**
Orwell Clo. *Clift D* —4J **29**
Orwell Ct. *Cov* —4K **15** (1G **3**)
Orwell Rd. *Cov* —7B **16** (6K **3**)
Osbaston Clo. *Cov* —4J **13**
Osborne Rd. *Cov* —1G **21**
Oslo Gdns. *Cov* —1J **17**
Osprey Clo. *Cov* —1K **17**
Oswald Way. *Rugby* —6K **27**
Oswin Gro. *Cov* —4E **16**
Othello Clo. *Rugby* —5K **31**
Outermarch Rd. *Cov* —1J **15**
Outwoods. —1A 6
Oval Rd. *Rugby* —2F **33**
Overberry Clo. *Cov* —5F **11**
Overdale Rd. *Cov* —5C **14**
Overslade. —2A 32
Overslade Cres. *Cov* —1E **14**
Overslade La. *Rugby* —3K **31**
Overslade Mnr. Dri. *Rugby* —2B **32**
Over St. *Cov* —7C **10**
Owenford Rd. *Cov* —7J **9**
Ox Clo. *Cov* —2C **16**
Oxendon Way. *Bin* —7G **17**
Oxford Rd. *Ryton D & Prin* —7G **23**
Oxford St. *Cov* —5A **16** (3J **3**)
Oxford St. *Rugby* —6E **28**
Oxhayes Clo. *Bal C* —3A **18**
Oxley Dri. *Cov* —6J **21**

P
Packington Av. *Cov* —2B **14**
Packwood Av. *Rugby* —2K **33**
Packwood Grn. *Cov* —5A **14**
Paddocks Clo. *Wols* —6E **24**
Paddocks, The. *Bulk* —6H **5**
Paddock, The. *Newt* —1H **29**
Paddox Clo. *Rugby* —2H **33**
Padstow Rd. *Cov* —1J **19**
Page Rd. *Cov* —2J **19**
Paget Ct. *Cov* —4D **10**
Pailton Clo. *Cov* —5E **10**
Pake's Cft. *Cov* —3G **15**
Palermo Av. *Cov* —3A **22**
Palmer La. *Cov* —5J **15** (3E **2**)
Palmer Pl. *Bed* —3F **5**
Palmer's Clo. *Rugby* —2K **33**
Palmerston Rd. *Cov* —1F **21**
Palm Tree Av. *Cov* —5E **10**
Pancras Clo. *Cov* —6J **11**
Pandora Rd. *Cov* —1G **17**
Pangbourne Rd. *Cov* —7E **10**
Pangfield Pk. *Cov* —4C **14**
Pantolf Pl. *Rugby* —2A **28**
Papenham Grn. *Cov* —1A **20**
Paradise. —2B 16
Paradise St. *Cov* —7K **15** (6G **3**)
Paradise St. *Rugby* —6E **28**
Paradise Way. *Cov W* —6J **11**
Paragon Way. *Bay I* —6F **5**
Parbrook Clo. *Cov* —1J **19**
Park Av. *Cov* —4J **9**
Park Clo. *Ken* —3D **34**
Park Ct. *Cov* —2B **14**
Park Ct. *Rugby* —5C **28**
Parkend. *Brow* —2E **28**
Parkfield Dri. *Ken* —3D **34**
Parkfield Rd. *Ker E* —1G **9**
Parkfield Rd. *Rugby* —2K **27**
Parkgate Rd. *Cov* —4H **9**

Park Hill. —2E 34
Park Hill. *Ken* —2D **34**
Parkhill Dri. *Cov* —4K **13**
Park Hill La. *Alle* —3A **14**
Parkland Clo. *Cov* —4J **9**
Park La. *Berk* —7A **12**
Park Paling, The. *Cov* —2A **22**
Park Rd. *Bed* —4F **5**
Park Rd. *Cov* —7J **15** (6E **2**)
Park Rd. *Ken* —2C **34**
Park Rd. *Rugby* —5C **28**
Parkside. *Cov* —6K **15** (5F **3**)
Parkstone Rd. *Cov* —5B **10**
Park St. *Cov* —1A **16**
Park St. Ind. Est. *Cov* —1K **15**
Park Vw. *Cov* —6C **16**
Pk. View Clo. *Exh* —6E **4**
Parkview Flats. *Cov* —7H **15** (7B **2**)
Parkville Clo. *Cov* —4J **9**
Parkville Highway. *Cov* —4H **9**
Park Wlk. *Rugby* —5C **28**
Parkwood Ct. *Ken* —3D **34**
Park Wood La. *Cov* —2H **19**
Parnell Clo. *Rugby* —6B **28**
Parrotts Gro. *Cov* —2F **11**
  (in two parts)
Parry Rd. *Cov* —1D **16**
Parsons Nook. *Cov* —3C **16**
Partridge Cft. *Cov* —6C **10**
Patricia Clo. *Cov* —7G **13**
Patterdale. *Rugby* —2F **29**
Pauline Av. *Cov* —5D **10**
Paul Stacey Ho. *Cov* —1H **3**
Pavilion Way. *Cov* —5F **15**
Paxmead Clo. *Cov* —5G **9**
Paxton Rd. *Cov* —4G **15** (1A **2**)
Paynell Clo. *Cov* —5H **9**
Paynes La. *Cov* —5B **16** (2K **3**)
Paynes La. *Rugby* —6K **27**
Peacock Av. *Cov* —6H **11**
Pearl Hyde Ho. *Cov* —1G **3**
Pears Clo. *Ken* —3B **34**
Pearson Av. *Cov* —6D **10**
Pear Tree Clo. *Cov* —5D **10**
Pear Tree Way. *Rugby* —1H **31**
Peat Clo. *Rugby* —1A **32**
Pebworth Clo. *Cov* —5B **14**
Peel Clo. *Cov* —2A **16**
Peel La. *Cov* —3B **16**
Peel St. *Cov* —2A **16**
Pegmill Clo. *Cov* —1B **22**
Pembroke Clo. *Bed* —5A **4**
Pembrook Rd. *Cov* —5J **9**
Pembury Av. *Cov* —4C **10**
Penarth Gro. *Bin* —2H **23**
Pencraig Clo. *Ken* —3E **34**
Pendenis Clo. *Cov* —7C **10**
Pendred Rd. *Rugby* —6A **28**
Penn Ho. *Cov* —7K **13**
Pennington M. *Rugby* —6B **28**
Pennington St. *Rugby* —6B **28**
  (in two parts)
Pennington Way. *Cov* —7A **10**
Penny Pk. La. *Cov* —4F **9**
Penrith Clo. *Cov* —5J **9**
Penrose Clo. *Cov* —2A **20**
Penryhn Clo. *Ken* —3E **34**
Pensilva Way. *Cov* —4A **16** (1J **3**)
Pepper La. *Cov* —6J **15** (4E **2**)
Pepys Corner. *Cov* —7J **7**
Percival Rd. *Rugby* —2F **33**
Percy Cres. *Ken* —6A **34**
Percy Rd. *Ken* —6A **34**
Percy St. *Cov* —5H **15** (3B **2**)
Peregrine Dri. *Cov* —3A **14**
Perkins Gro. *Rugby* —1H **33**
Perkins St. *Cov* —5K **15** (2G **3**)
Permian Clo. *Rugby* —3E **28**
Pershore Pl. *Cov* —3E **20**
Perth Ri. *Cov* —4A **14**
Peter Lee Wlk. *Cov* —2J **17**
Peters Wlk. *Longf* —3C **10**
Petitor Cres. *Cov* —7E **10**
Pettiver Cres. *Rugby* —1H **33**
Peveril Dri. *Cov* —4H **21**
Peyto Clo. *Cov* —3A **9**
Pheasant Clo. *Bed* —5B **4**
Phillip Docker Ct. *Bulk* —7H **5**
Phipp Ho. *Cov* —2J **33**
Phipps Av. *Rugby* —1H **33**
  (in two parts)
Phoenix Ho. *Cov* —1G **3**
Phoenix Pk. *Bay I* —7F **5**
Phoenix Way. *Cov* —6B **16**
Phoenix Way. *Longf & Cov* —3A **10**
Pickard Clo. *Rugby* —2G **29**
Pickford. —7H 7
Pickford Grange La. *Alle* —1G **13**

St Ann's Rd.—Stuart Ct.

St Ann's Rd. Cov —5C 16
St Augustine's Wlk. Cov —1G 15
St Austell Rd. Cov —5G 17
St Bartholomews Clo. Bin —6J 17
St Bernards Wlk. Cov —3F 23
St Catherine's Clo. Cov —1D 22
St Catherines Lodge. Cov —4G 15
St Christian's Cft. Cov —1A 22 (7G 3)
St Christian's Rd. Cov —1A 22
St Clements Ct. Cov —7F 11
St Columbas Clo. Cov —4J 15 (1D 2)
St Davids Clo. Bin —2H 23
St Elizabeth's Rd. Cov —1A 16
St Georges Av. Rugby —1C 32
St George's Rd. Cov —6B 16 (7K 3)
St Giles Rd. Cov —1K 9
St Helen's Way. Alle —7B 8
St Ives Rd. Cov —5F 17
St James Ct. Cov —3G 23
St James Gdns. Bulk —7J 5
St James La. Cov —4E 22
St John's Av. Ken —5B 34
St Johns Av. Rugby —2G 33
St John's Flats. Ken —5C 34
St John's La. Long L —4G 27
St John's St. Cov —6K 15 (5F 3)
St John's St. Ken —5C 34
St John St. Rugby —5C 28
St Jude's Cres. Cov —2F 23
St Just's Rd. Cov —4H 17
St Lawrence's Rd. Cov —6B 10
St Leonard's Wlk. Ryton D —7J 23
St Luke's Rd. Cov —4K 9
St Margaret Rd. Cov —6B 16 (5K 3)
St Mark's Av. Rugby —3J 31
St Martin's Rd. Cov —5J 21
St Mary's Abbey. —3A 34
St Mary's Guildhall. —6K 15 (4F 3)
St Mary St. Cov —6K 15 (4F 3)
St Matthews St. Rugby —6C 28
St Michael's Rd. Cov —5C 16
St Nicholas Av. Ken —5B 34
St Nicholas Clo. Cov —4J 15
St Nicholas Ct. Cov —1B 16
(nr. Crabmill La.)
St Nicholas Ct. Cov —2H 15
(nr. Radford Rd.)
St Nicholas St. Cov —4J 15 (1D 2)
St Osburgh's Rd. Cov —5C 16
St Patricks Rd. Cov —6J 15 (6E 2)
St Paul's Rd. Cov —2A 16
St Peter's Rd. Rugby —7E 28
St Thomas' Ct. Cov —6H 15 (5B 2)
St Thomas Ho. Cov —5B 2
St Thomas Rd. Cov —4C 10
Salcombe Clo. Cov —3F 23
Salford Clo. Cov —3C 16
Salisbury Av. Cov —3J 21
Salt La. Cov —6J 15 (4E 2)
Sam Gault Clo. Bin —2H 23
Sammons Way. Cov —7H 13
Sampson Clo. Cov —6E 10
Samuel Hayward Ho. Cov —6D 10
(off Roseberry Av.)
Samuel Va. Ho. Cov —4J 15 (1D 2)
Sandby Clo. Bed —2E 4
Sanders Rd. Cov —1D 10
Sandford Clo. Ald I —4F 11
Sandford Way. Dunc —7J 31
Sandgate Cres. Cov —6F 17
Sandhurst Gro. Cov —3H 15
Sandilands Clo. Cov —4G 17
Sandown Av. Cov —5B 10
Sandown Rd. Rugby —5E 28
Sandpiper Rd. Ald G —4D 10
Sandpits La. Ker E & Cov —5E 8
Sandpits, The. Bulk —7J 5
Sandwick Clo. Cov —1H 23
Sandy La. Cov —3J 15
Sandy La. New B —6A 28
Sandy La. Bus. Pk. Cov —3J 15
Sandythorpe. Cov —3G 23
Santos Clo. Bin —1H 23
Sapcote Gro. Cov —3D 10
Sapphire Ct. Cov W —6K 11
Sapphire Ga. Cov —6E 16
Saunders Av. Bed —4F 5
Saunton Clo. Alle —6B 8
Saunton Rd. Rugby —1A 32
Saville Gro. Ken —2E 34
Saxon Clo. Bin W —2B 24
Saxon Rd. Cov —4D 16
Scafell. Rugby —2F 29
Scafell Clo. Cov —4A 14
Scarborough Way. Cov —2K 19
Scarman Ho. Cov —4B 20
Scarman Rd. Cov —4B 20
Scholfield Rd. Ker E —1G 9
School Clo. Cov —6B 16
Schoolfield Gro. Rugby —6B 28
School Gdns. Rugby —1J 33
School Ho. La. Cov —2J 17
School La. Exh —7C 4
School La. Ken —3B 34
School Rd. Bulk —7H 5
School St. Chu L —4B 26
School St. Dunc —7J 31
School St. Hillm —1J 33
School St. Long L —5G 27
School St. Wols —6E 24
Scotchill, The. Cov —6G 9
Scots Clo. Rugby —3J 31
Scots La. Cov —2F 15
Scott Rd. Ken —6A 34
Seabroke Av. Rugby —6B 28
Seaford Clo. Cov —3D 10
Seagrave Rd. Cov —6A 16 (5H 3)
Sealand Dri. Bed —3E 4
Sear Hills Clo. Bal C —3A 18
Seathwaite. Rugby —2E 28
Sebastian Clo. Cov —4D 22
Second Av. Cov —7E 16
Sedgemere Gro. Bal C —4A 18
Sedgemoor Rd. Cov —4D 22
Sedlescombe Pk. Rugby —2B 32
Seed Fld. Cft. Cov —2K 21
Sefton Rd. Cov —3E 20
Selborne Rd. Rugby —2K 31
Selina Dix Ho. Cov —1G 3
Selsey Clo. Cov —5E 22
Selside. Rugby —2F 29
Selworthy Rd. Cov —4K 9
Senate Ho. Cov —5B 20
Seneschal Rd. Cov —2A 22
Sephton Dri. Longf —1E 10
Servite Ho. Ken —5B 34
Seven Stars Ind. Est. Cov —2C 22
Severn Rd. Cov —7B 16 (7K 3)
Sewall Highway. Cov —7C 10
Seymour Clo. Cov —4E 22
Seymour Pl. Ken —2A 34
Seymour Rd. Rugby —3E 28
Shadowbrook Rd. Cov —3G 15
Shaftesbury Av. Ker E —1G 9
Shaftesbury Rd. Cov —1F 21
Shaft La. Mer —3D 6
Shakespeare Av. Bed —4H 5
Shakespeare Gdns. Rugby —2A 32
Shakespeare St. Cov —3D 16
Shakleton Rd. Cov —6G 15 (4A 2)
Shanklin Rd. Cov —5D 22
Shapfell. Rugby —2F 29
Sharp Clo. Cov —5H 9
Sharpley Ct. Cov —7J 11
Sharratt Rd. Bed —4E 4
Sheep St. Rugby —6C 28
Sheldrake Clo. Bin —7J 17
Shelfield Clo. Cov —5B 14
Shelley Clo. Bed —5H 5
Shelley Rd. Cov —5E 16
Shellon Clo. Bin —1H 23
Shelton Sq. Cov —6J 15 (4D 2)
Shenstone Av. Rugby —1G 33
Shepherd Clo. Cov —5K 13
Sherbourne Ct. Cov —7J 15 (6E 2)
Sherbourne Cres. Cov —4E 14
Sherbourne St. Cov —6G 15 (4A 2)
Sheridan Clo. Rugby —3B 32
Sheriff Av. Cov —2B 20
Sheriff Rd. Rugby —6F 29
Sheriffs Orchard. Cov —6J 15 (5D 2)
Sherington Av. Cov —4C 14
Sherlock Rd. Cov —5D 14
Sherwood Jones Clo. Cov —2H 15
Shetland Clo. Cov —4A 14
Shetland Rd. Cov —4D 22
Shevlock Way. Cov —2C 16
Shillingstone Clo. Cov —4J 17
Shilton La. Bulk —7K 5
Shilton La. Cov & Shil —5G 11
Shipston Rd. Cov —2E 16
Shirebrook Clo. Cov —5F 11
Shire Clo. Cov —6D 10
Shirlett Clo. Cov —3D 10
Shirley La. Mer —3E 12
Shirley Rd. Cov —1H 17
Shorncliffe Rd. Cov —2D 14
Shortlands. Cov —1K 9
Shortley Rd. Cov —1A 22
Short St. Cov —6K 15 (5G 3)
Shortwood Ct. Cov —6H 11
Shottery Clo. Cov —5B 14
Showell La. Mer —5E 6
Shrubberies, The. Cov —5E 20
Shuckburgh Cres. Rugby —2F 33
Shulmans Wlk. Cov —1F 17
Shultern La. Cov —3C 20
Shuna Cft. Cov —1J 17
Shuttle St. Cov —7D 10
Shuttleworth Rd. Clift D —4H 29
Sibree Rd. Cov —5D 22
Sibton Clo. Cov —6D 10
Siddeley Av. Cov —7C 16
Siddeley Av. Ken —5A 34
Sidmouth Clo. Cov —1E 16
Sidney Rd. Rugby —2F 33
Silksby St. Cov —1K 21
Silver Birch Av. Bed —4C 4
Silverdale Clo. Cov —3D 10
Silverstone Dri. Gall P —2A 10
Silver St. Cov —5J 15 (2E 2)
Silver St. Newt —1J 29
Silverton Rd. Cov —1B 16
Simon Ct. Exh —6E 4
Simon Stone St. Cov —7B 10
Singer Clo. Cov —7C 10
Sir Henry Parkes Rd. Cov —2C 20
Sir Thomas White's Rd. Cov —6F 15
Sir William Lyons Rd. Cov —3C 20
Sir Winston Churchill Pl. Bin W —2A 24
Siskin Dri. Cov —5E 22
Siskin Parkway E. Mid B —7E 22
Siskin Parkway W. Mid B —7D 22
Skiddaw. Rugby —2E 28
Skipton Gdns. Cov —2D 16
Skipworth Rd. Bin —6J 17
Sky Blue Way. Cov —5A 16 (4H 3)
Slade Rd. Rugby —7E 28
Sleath's Yd. Bed —3F 5
Sledmere Clo. Cov —4D 10
Smalley Pl. Ken —4B 34
Smarts Rd. Bed —5D 4
Smercote Clo. Bed —5B 4
Smithford Way. Cov —5J 15 (3D 2)
Smith St. Bed —5C 4
Smith St. Cov —3B 16
Smithy La. Chu L —4B 26
Snape Rd. Cov —3H 17
Soden Clo. Cov —3F 23
Solent Dri. Cov —6H 11
Somerly Clo. Bin —1H 23
Somerset Rd. Cov —3J 15
Somers Rd. Ker E —1F 9
Somers Rd. Rugby —6K 27
Sommerville Rd. Cov —4E 16
Sordale Cft. Bin —7J 17
Sorrel Clo. Cov —1J 19
Sorrel Dri. Rugby —1F 29
Southam Clo. Cov —2J 19
Southam Rd. Dunc —7J 31
South Av. Cov —6C 16
Southbank Ct. Ken —4B 34
Southbank Rd. Cov —3E 14
Southbank Rd. Ken —3B 34
Southbrook Rd. Rugby —1C 32
Southcott Way. Cov —6H 11
Southey Rd. Rugby —3A 32
Southfield Dri. Ken —2C 34
Southfield Rd. Rugby —1E 32
Southleigh Av. Cov —2F 21
Southport Clo. Cov —4D 22
South Ridge. Cov —4B 14
South Rd. Clift D —4H 29
South St. Cov —5A 16 (3J 3)
South St. Rugby —5F 29
S. View Rd. Long L —5F 27
Sovereign Clo. Ken —7B 34
Sovereign Rd. Cov —6F 15 (5A 2)
(in two parts)
Sovereign Row. Cov —6G 15 (4A 2)
Sowe Common. —5G 11
Sparkbrook St. Cov —5B 16 (2J 3)
Sparta Clo. Rugby —3C 28
Speedway La. Bran —2D 24
Speedwell Clo. Rugby —2G 29
Spencer Av. Cov —7G 15 (7A 2)
Spencer Rd. Cov —7H 15 (7B 2)
Spencer's La. Berk —6B 12
Sphinx Dri. Cov —7D 16
Spicer Pl. Rugby —1K 31
Spindle St. Cov —2K 15
Spinney Clo. Bin W —2C 24
Spinney Path. Cov —4F 21
Spinney, The. Cov —6D 20
Spinney, The. Long L —4G 27
Spitalfields. Bed —4G 5
Spon Causeway. Cov —5G 15 (3A 2)
Spon End. —5G 15
Spon End. Cov —5G 15 (3A 2)
Spon Ga. Ho. Cov —6G 15 (4A 2)
Spon Street. —5H 15 (3C 2)
Spon St. Cov —5H 15 (3C 2)
Spring Clo. Cov —5A 16 (2J 3)
Springfield. —5F 5
Springfield Cres. Bed —4F 5
Springfield Pl. Cov —4K 15
Springfield Rd. Cov —4K 15
Springhill Houses. Rugby —2E 32
Spring La. Ken —3C 34
Spring Rd. Barn —1K 11
Spring Rd. Cov —7B 10
Spring St. Cov —5A 16 (2J 3)
Spring St. Rugby —6D 28
Spring, The. —1B 34
Spruce Rd. Cov —5E 10
Square, The. Dunc —7J 31
Square, The. Ken —4B 34
Squires Cft. Cov —6H 11
Squires Way. Cov —3D 20
Stables, The. Bulk —6G 5
Stadium Clo. Cov —5K 9
Stafford Clo. Bulk —7J 5
Staircase La. Alle —2C 14
(in two parts)
Stamford Av. Cov —3J 21
Standard Av. Cov —7A 14
Standish Clo. Cov —6G 17
Stanier Av. Cov —5G 15 (2A 2)
Stanley Rd. Cov —1F 21
Stanley Rd. Rugby —1G 33
Stanway Rd. Cov —1G 21 (7A 2)
Staples Clo. Bulk —6J 5
Starcross Clo. Cov —1E 16
Stare Grn. Cov —3D 20
Stareton Clo. Cov —3E 20
Starley Ct. Bin I —2J 23
Starley Pk. Bay I —6F 5
Starley Rd. Cov —6H 15 (5C 2)
Startin Clo. Exh —7D 4
Station Av. Cov —1H 19
Station Rd. Bal C —2A 18
Station Rd. Clift D —4H 29
Station Rd. Ken —4B 34
Station Sq. Cov —7J 15 (6D 2)
Station St. E. Cov —1A 16
Station St. W. Cov —7K 9
Station Tower. Cov —7J 15 (6D 2)
Staveley Way. Rugby —3F 29
Staverton Clo. Cov —5K 13
Staverton Leys. Rugby —3C 32
Steele St. Rugby —6A 28
Steeping Rd. Long L —4H 27
Steeplefield Rd. Cov —3G 15
Stennels Clo. Cov —7F 9
Stephenson Rd. Exh —7G 5
Stephen St. Rugby —6B 28
Stepney Rd. Cov —4C 16
Stepping Stones Rd. Cov —4F 15
Stevenage Wlk. Cov —1J 17
Stevens Ho. Cov —4K 15 (1G 3)
Stevenson Rd. Cov —7G 9
Stewart Clo. Cov —6D 14
Stirling Clo. Bin —1H 23
Stivichall. —4H 21
Stivichall & Cheylesmore By-Pass. Cov —5A 22
Stivichall Cft. Cov —3H 21
Stocks La. T'ton —7F 31
Stockton Rd. Cov —4A 16
Stoke. —5F 17
Stoke Aldermoor. —1C 22
Stoke Floods Nature Reserve. —5H 17
Stoke Grn. Cov —6C 16
(in two parts)
Stoke Grn. Cres. Cov —7D 16
Stoke Heath. —2C 16
Stoke Row. Cov —4C 16
Stonebridge Highway. Cov —5J 21
Stonebridge Ind. Est. Cov —5D 22
(in two parts)
Stonebrook Way. Blac I —4B 10
Stonebury Av. Cov —4H 13
Stonefield Clo. Cov —7J 11
Stonehaven Dri. Cov —6J 21
Stonehills. Rugby —2E 28
Stonehouse La. Cor —1K 7
Stonehouse La. Cov —5E 22
Stoneleigh Av. Cov —2F 21
Stoneleigh Av. Ken —2C 34
Stoneleigh Rd. Cov —7D 20
Stoneleigh Rd. Ken —2C 34
Stoney Rd. Cov —7J 15 (7E 2)
Stoney Stanton Rd. Cov —4K 15 (1F 3)
Stoneywood Rd. Cov —7H 11
Stowe Pl. Cov —7G 13
Straight Mile. Bour —7A 30
Stratford St. Cov —4C 16
Strath Clo. Rugby —3J 33
Strathmore Av. Cov —6A 16 (5H 3)
Strawberry Fields. Mer —6A 6
Strawberry Wlk. Cov —5F 11
Streamside Clo. Alle —7A 8
Stretton Av. Cov —4E 22
Stretton Lodge. Cov —3E 22
Stretton Rd. Wols —7E 24
Stuart Ct. Cov —7C 10